세상을 바꿀

용기

STAND UP by John Schlimm

더불어 행복한 세상을 실천하는 청소년 리더 52인의 이야기

세상을 바꿀 용기

존 슐림 엮음 ◎ 정태영 옮김

미래인

세상을 바꿀 용기

1판 1쇄 발행 2017년 7월 25일
1판 4쇄 발행 2020년 2월 20일

엮은이 존 슐림 **옮긴이** 정태영 **펴낸이** 김민지 **펴낸곳** 미래M&B
책임편집 황인석 **디자인** 서정민 **영업관리** 장동환, 김하연
등록 1993년 1월 8일(제10-772호) **주소** 서울시 마포구 동교로 134(서교동 464-41) 미진빌딩 2층
전화 02-562-1800(대표) **팩스** 02-562-1885(대표) **전자우편** mirae@miraemnb.com
홈페이지 www.miraeinbooks.com **블로그** blog.naver.com/miraeibooks

ISBN 978-89-8394-816-8 43300

*잘못 만들어진 책은 구입처에서 바꾸어 드립니다.
*미래인은 미래M&B가 만든 단행본 브랜드입니다.

인생의 주인공으로 당당하게 살고 싶지만
무엇을 어떻게 해야 하는지 알쏭달쏭한
지구촌 모든 청소년들에게
이 책을 바칩니다.

머리말

나에게 영감을 주는 사람?
바로 청소년 여러분!

청소년 여러분의 에너지와 재능, 열정은 언제나 나를 자극합니다. 여러분의 무한한 상상력과 창의성, 해맑은 미소는 나로 하여금 시민운동가로서 당당하게 활동하도록 용기를 북돋아줍니다. 여러분은 어떤 문제와 맞닥뜨려도 강인하고 용감하게 헤치고 앞으로 나아가는 이 땅의 젊은이들입니다. 나는 여러분의 그런 모습을 볼 때마다 힘과 용기를 얻습니다. 또 언제 어디서 누구를 만나든 진심으로 공감하는 마음을 잃지 않을 수 있습니다.

우리가 집이나 학교에서 또는 직장에서 늘 공감하는 마음으로 살아간다면, 세상은 긍정적인 방향으로 변화하기 시작합니다. 우리가 방관자로 살던 시간을 멈추고 무언가 실천에 나선다면, 아무도 가본 적 없는, 그동안 꿈으로만 남았던 어딘가를 향해 행진을 시작하는 셈입니다.

여기에 소개하는 여러 이야기를 가만히 읽다 보면 속에 담긴 주제는 한 가지임을 알게 될 것입니다. 그것은 바로 우리가 행운과 시련으로 뒤범벅인 삶을 살아가면서 중심을 잃지 않고 다른 사람과 더불어 마음을 나누는 방법입니다. 다시 말하면, 지금 이 순간 지구별에 머무는 사람들과 그 후손들이 더 나은 삶을 살도록 진심을 다해서 돕는 방법입니다. 이 책은 여러분을 환상적인 모험의 세계로 안내할 것입니다. 아프리카 대륙에 가장 높이 솟은 산봉우리에서 짙푸른 밀림까지, 우리 학교 텃밭부터 미국은 물론 아프리카, 파키스탄, 인도, 페루, 콜롬비아, 아프가니스탄에 있는 학교들까지, 꼬마 다스 베이더부터 레모네이드 가판대까지, 깨끗한 물이 나오는 우물과 공을 차며 뛰어놀 수 있는 운동장부터 마을 담벼락에 벽화 그리기나 눈밭에서 종이박스에 들어가 잠자기, 치타와 바다거북과 농장의 가축을 보살피는 일까지, 올림픽 종목만큼이나 다양한 '특별 임무'를 수없이 만나게 될 것입니다.

여러분은 책장을 넘길 때마다 오늘날 가장 역동적인 청소년 리더들과 만날 수 있습니다. 그중에는 세 살 때부터 남을 돕는 일에 팔을 걷어붙인 친구도 있습니다. 그들은 더 좋은 세상을 만들기 위해 어떻게 노력했는지, 여러분은 어떻게 할 수 있는지 등등 재미있고 유익한 이야기를 듬뿍 안겨줄 것입니다. 한마디로 이 책은 고통과 역경, 편견, 불평등, 부조리가 새로운 꿈으로 바뀌는 희망의 한마당입니다.

여러분 세대는 이미 '공감'이란 말의 뜻을 바꾸어놓았습니다. 시련에 부닥칠 때마다 도리어 남을 돕는 기회로 삼는 친구들이기 때문입니다. 불가능한 상황과 맞닥뜨릴 때면 거꾸로 불가능은 없다고 외치는 친구들이기 때문입니다. 어려운 문제에 봉착하자마자 이제 행동할 때가 되었다고 느끼는 친구들이기 때문입니다. 쉽게 말해서 여러분은 공감 능력을 최대치로 끌어올린 삶을 살아가는 친구들입니다.

여러분 청소년 세대는 이미 세상을 더불어 살아가는 곳으로 바꾸기 시작했습니다. 이 책은 내가 여러분에게 건네는 작은 선물입니다. 여러분 한 사람 한 사람이 마냥 고맙고, 여러분이 우리 모두에게 선사한 밝은 미래가 너무도 고마워서입니다.

여기에 실린 이야기를 읽고서 세상을 구하기 위한 자기만의 모험을 결심한 친구들이라면 명심할 내용이 몇 가지 있습니다.

★ 여러분은 남을 위해서 내놓을 수 있는 재능이 아주 많습니다. 어떤 재능인지 구체적으로 파악해보고 실제로 발휘해봅시다.

★ 여러분은 뭐든지 할 수 있습니다. 불가능은 없다!!! 모든 것은 마음먹기에 달렸습니다.

★ 여러분은 무슨 일이건 간에 남들보다 한 걸음 먼저 내딛어야 합니다. 그리고 계속해서 앞장서야 합니다.

친구들! 여러분은 진정 슈퍼맨입니다. 그리고 나는 여러분의 영원한 팬입니다!

table of contents

1장

참된 선물

고통받는 이웃에게
따뜻한 마음을 담아 선물을 건네자.
마음을 주는 사람과 마음을 받는 사람 모두
놀라운 변화를 체험할 것이다!

행복을 가득 담은 선물 보따리

애니 위그널 포스켓

자원봉사란 내 인생에서 언제나 가장 중요한 일이었다. 부모님은 내가 아주 어릴 적부터 남을 도울 줄 알아야 한다고 가르치셨다. 그래서 기억할 수 없을 만큼 오래전부터 엄마와 아빠, 동생들과 나는 끊임없이 자원봉사에 나섰다. 이웃돕기 운동에 참여했고, 크리스마스에는 캐럴을 부르며 모금했으며, 기발한 모금행사를 벌이기 위해 머리를 쥐어짜기도 했다. 교회와 학교, 동네에서 기회가 생길 때마다 자원봉사에 참여했다.

윈스턴 처칠은 자원봉사에 대해 아주 멋진 말을 남겼다. "남한테 도움을 받으면 하루가 풍족하다. 그런데 남한테 도움을 베풀면 평생이 풍족하다."

여러분이 아무리 많은 것을 가졌다 해도 자기 것을 남과 더불어 나누지 않으면 결코 행복한 삶을 살 수 없다. 나는 다양한 체험을 통해 슬픔과 외로움과 곤경에 처한 다른 사람들을 생각하며 살아가는 것이 중요하다고 깨달았다. 나만 생각하면서 이기적으로 살면 안 된다는 사실도 깨달았다. 여러분이 다른 사람을 진심으로 배려한다면, 여러분의 삶은 한층 풍요롭고 행복할 것이다. 내가 '케어백 재단The Care Bags Foundation'을 설립한 이유도 바로 여기에 있다. 고통받는 어린이가 있다면 당연히 도와야 한다고 믿기 때문이다.

내가 나눔에 첫발을 디딘 때는 지난 2000년 1월이었다. 그때 나는 겨우 열한 살이었다. 하루는 아동학대 예방교육 강사인 엄마가 이렇게 말씀하셨다. 어쩔 수 없는 사정으로 부모와 헤어져서 누구한테도 아무런 도움을 받지 못한 채 하루하루 위태롭게 살아가는 어린이들이 너무도 많다고.

여러분이라면 칫솔도, 치약도 없고 머리빗도, 샴푸도 없이 지내는 걸 상상이나 할 수 있을까? 나는 아이들만 보면 귀여워서 사족을 못 쓰는 사람이다. 그런데 생활필수품조차 구경도 못 하는 어린이가 있다니! 나는 결심했다. 아이들이 조금 더 건강하고 편하게 살 수 있도록 무엇이든 하기로 말이다. 그래서 아이들 눈높이에서 꼭 필요한 도움을 주기 위해 내가 해야 할 일이 무엇일지 머리를 쥐어짜기 시작했다. 좋은 아이디어가 없을까 한동안 안절부절못하다가 마침내 이거다 싶은 생각이 번쩍 떠올랐다. 참신하고 안전하면서 재미까지 선사할 수 있는 물품, 갓난아기부터 청소년까지 나이에 따라 꼭 필요한 물품으로 가득 채운 천가방, 바로 '케어백'을 선물하는 사업이었다. 어려운 처지를 딛고 일어서기를 간절히 바라는 따뜻한 마음까지 담아서!

케어백 사업을 본격적으로 펼치기에 앞서, 나는 엄마한테 운전기사가 되어달라고 부탁했다. 그리고 지역 아동보호센터 두 곳을 찾아가서 혹시 내가 케어백을 만들면 꼭 필요한 아이들한테 잘 전달해줄 수 있겠냐고 물었다. 아울러 바느질로 예쁜 천가방을 만들어줄 자원봉사자들을 모집했다. 끝으로 우리 도시에서 사업을 벌이는 기업들을 방문해 취지를 설명하고 기부를 요청했다. 케어백에 물품을 넣으려면 무엇보다 기부금을 모아야 하기 때문이다. 나는 '케어백 재단'을 세울 때부터 나 혼자서 모든 사람을 도와줄 수 없다는 사실을 잘 알았다. 하지만 나한테 중요한 것은 내가 내 힘으로 변화의 물꼬를 튼다는 사실, 한 어린이 앞에 케어백 하나 건네는 작은 일에 불과하지만 뜻 깊은 변화를 실제로(!) 일으킨다는 사실이다.

12년 전에 케어백 사업을 시작할 때만 해도 어린이를 사랑하는 마음과 청소년 특유의 자신감, 고통받는 사람을 돕겠다는 순수한 열정 말고는 아무것도 없었다. 그래서 이웃들의 도움을 받아 가내수공업 규모로 겨우 첫걸음을 뗄 수 있었다. 하지만 세상에나 이렇게 규모가 커질 줄이야! 케어백 사업은 처음 구상한 것 이상으로 규모가 커지면서 예상 밖의 성과를 내고 있다. 훌륭한 비영리단체로 선정되어 큰 상도 받았다. 사무실은 기부 물품으로 빼곡하게 들어찼다. 나는 요즘 자원봉사자들과 함께 매달 100개가 넘는 케어백을 만든다.

그동안 남녀노소 수천 명이 자원봉사자와 기부자로서 우리를 도왔다. 우리가 만든 케어백을 손에 들고 어린이들을 몸소 찾아가는 사람들만 200명에 이른다. 덕분에 전 세계의 불우한 어린이들에게 희망과 사랑으로 가득한 케어백을 무려 2만 개 이상 전할 수 있었다! 아울러 지구촌 방방곡곡에서 활동하는 수많은 단체 또는 개인이 우리 홈페이지와 '케어백 첫걸음 키트'를 참고해서 비슷한 사업을 각자 처지에 맞게 추진하고 있다. 참으로 기쁜 일이 아닐 수 없다. 우리가 앞장서서 미지의 길을 개척한 결과 다른 사람들도 나눔의 기쁨을 알게 되었고, 그로 인해 더 많은 어린이들이 해맑은 미소를 되찾았기 때문이다.

선물을 받고 좋아하는 볼리비아 아이들
(출처: carebags4kids.com)

나는 자원봉사를 통해 너무도 많은 것을 배웠다! 가족의 소중함을 새삼 느꼈다. 그리고 내가 지금 누리는 삶에 대해 더 많이 감사하게 되었다.

공동체가 좋은 목표를 세우고 힘을 합하면 반드시 좋은 결과를 얻게 된다는 깨달음도 얻었다. 무엇보다 세상에는 남을 돕고 싶은 마음에 조바심을 내는 사람이 정말 많다! 나는 이런 사람들한테 부탁하는 존재에 불과하다.

나는 어마어마하게 많은 친구를 사귀었다. 인품이 훌륭한 사람도 여럿 만났다. 그런데 내가 이 사업을 통해 알게 된 최고의 교훈은 남을 도우면 기분이 정말 좋다는 사실이다. 나는 사람들에게 행복을 선사하고 싶다. 그러면 내가 행복하기 때문이다. 다른 사람한테 실제로 도움이 되었다는 사실, 바꾸어 말하면 아이들 예쁜 얼굴에 화사하게 번지는 미소야말로 내가 이 사업으로 얻을 수 있는 최고의 보상이다.

아이들을 최대한 오랫동안 최대한 많이 돕는 것이 내 목표다. 다른 사람들도 아이들을 돕는 일에 동참하도록 만드는 것 역시 내 목표다. 나는 힘겹게 살아가는 아이들이 스포트라이트를 받아야 한다고 생각한다. 아울러 국내외 수많은 책과 잡지, 신문, TV와 라디오에 내 이야기가 실려도 괜찮다고 생각한다. 다른 사람들도 어린이들이 겪는 어려움을 헤아리고 나눔에 동참하는 계기가 될 수 있기 때문이다. 우리가 어린이를 도울 수 있도록 여러분이 우리를 도울 수도 있다. '케어백 재단' 홈페이지를 방문해주기를 바란다. 새로운 물품을 기부하거나 천가방을 한 땀 한 땀 바느질하는 수고로움으로 우리를 도와도 좋겠다. 사랑받아 마땅한 우리 아이들에게 나눔의 햇살을 선사할 수 있도록 멋진 아이디어를 제시해줘도 고맙겠다.

여러분이 남에게 도움이 되는 방법은 수두룩하다. 실은 살면서 남을 안 돕는 사람은 아무도 없다. 다만 그런 사실을 깨닫지 못할 뿐이다. 뒷사람을 위해 출입문을 잡아주거나 미소 지으며 친절한 말 한 마디를 건네거나 자기 자리를 양보하는 사소한 행동도 남을 돕는 것이다. 이처럼 작은 친절만으로도 상대방은 하루 종일 기분이 좋다. 물론 그렇게 남을 도운 여러분이 기분 좋은 건 두말할 나위가 없다.

너무도 많은 것이 부족하기에 조그만 도움은 아무런 소용이 없을 거라고 확신하는 사람들도 있는 것 같다. 그러나 여러분이 실천하는 아주 작은 나눔 하나가 이 세상 어딘가 고통 속에 신음하는 그 누구에게 실로 엄청난 도움이 될 수도 있다.

나는 진심으로 아이들을 사랑한다. 그래서 아이들을 돕는 일에 인생을 바치고 싶다. 나는 하루도 안 거르고 케어백 만드는 일에 매달린다. 어린이를 향한 애정을 직업으로 이어가기 위해 2급 교사자격증도 땄다. 나는 우리 반 아이들한테 세상을 위해 긍정적인 실천에 나서자고 하루도 거르지 않고 격려한다. 여러분의 열정이 어떤 방향을 가리키든지, 그것이 아이들이건, 스포츠건, 독서건, 그 밖에 여러분이 사랑하는 어떤 것이든 간에, 여러분이 진심으로 원하는 무언가를 찾기 바란다. 그리고 당당하게 일어나서 행동에 나서기 바란다!

나는 여러분 모두가 각자에게 주어진 시간과 재능과 목소리를 활용해서 더 좋은 세상을 만들 수 있다고 믿는다. 세상을 바꾸는 실천. 이보다 더 즐거운 일은 없으니까!

나만의 케어백을 만들자!

애니는 '케어백 재단' 설립자로서 작은 실천 하나가 커다란 변화를 이룰 수 있음을 몸소 증명했다. 여러분은 애니와 함께 케어백에 물품을 담을 수도 있고 각자 학교나 마을에서 비슷한 사업을 펼칠 수도 있다. '케어백 재단' 홈페이지에서 애니를 만나자!
carebags4kids.com

내 친구 미샤

제프리 슈렌셀

어느 날 아침 미샤 짐머만이 얼굴을 잔뜩 찡그린 채 교실에 들어섰다. 머리가 쪼개지듯 아프고 물체가 두 개로 보인다면서 말이다. 당시 미샤는 중학생이었는데 재미있고 똑똑한 친구라서 인기가 많았다. 그때만 해도 미샤 인생이 이처럼 극적으로 뒤바뀔 거라고 예상한 친구는 아무도 없었다. 학교 보건실 선생님은 물체가 두 개로 보인다는 미샤 이야기를 듣고 깜짝 놀라서 황급히 병원으로 보냈고, 의사들은 미샤 머릿속을 촬영한 뒤에 수모세포종을 발견했다. 일종의 뇌종양이었다. 미샤는 곧바로 뇌수술을 받았다. 그리고 원래 모습으로 돌아오기 위해 기나긴 투병생활을 시작했다.

미샤는 중환자실에 갇혀 무려 6개월 동안 옴짝달싹 못했다. 의식은 있었다. 하지만 근육을 움직일 수가 없었다. 미샤는 운동 기능을 아주 조금씩 되찾았다. 뇌수술을 받고 1년이 지나서야 먹고 말하는 기능이 겨우 살아났다. 한참 뒤에 미샤는 회복 과정이 너무도 고통스러웠다고 회상했다.

하지만 가족과 친구들이 힘을 준 덕분에 고통을 이겨낼 수 있었다고 말했다. 다른 병실에 입원한 아이가 미샤한테 〈토이스토리〉 비디오테이프를 빌려달라고 부탁했을 때 선뜻 건네준 것도 그런 이유였다.

미샤는 아이가 비디오테이프를 받아들고 행복한 표정을 짓자 아예 선물로 주었다. 미샤가 어린이끼리 서로 돕는 단체를 만들어야겠다고 결심한 것은 바로 그 순간이었다. 마침내 미샤는 미국 뉴저지에 '키즈 헬핑 키즈Kids Helping Kids'라는 이름의 비영리단체를 세웠다. 입원한 어린이들이 몸

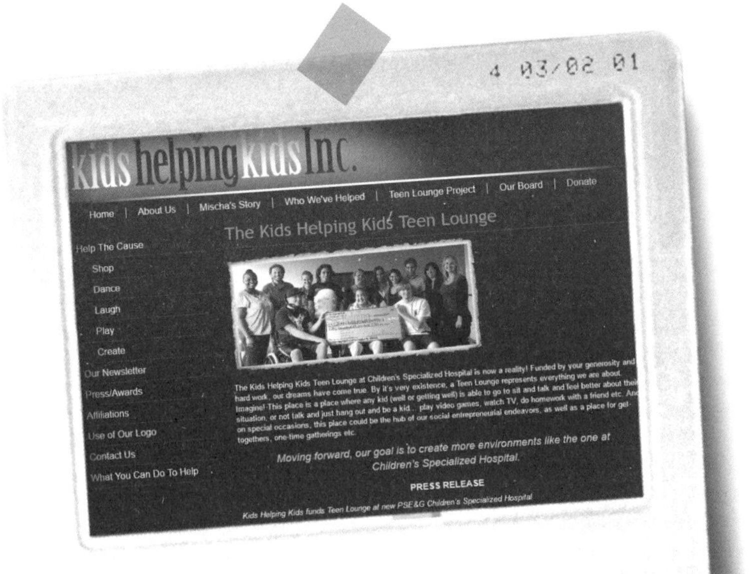

'키즈 헬핑 키즈' 홈페이지
www.kidshelping.org

과 마음에 기운을 되찾도록 돕기 위해서였다. 이 단체는 일반 휠체어, 전동 휠체어를 제공하거나 경사로를 설치하는 등 퇴원해서 집에 돌아온 아이들이 일상생활에 편안히 적응하는 과정까지도 지원한다.

설립 초기에 '키즈 헬핑 키즈'는 무서운 질병으로 오랜 입원생활을 경험했거나 심한 부상에서 회복 중인 어린이 또는 청소년끼리 만남을 주선하기도 했다. 조직이 더욱 성장한 뒤에는 청소년들을 사회적 기업가로 양성, 입원한 어린이에게 도움이 필요한 이유를 널리 알리고 지원기금을 조성하는 사업도 벌였다. 이 밖에 뉴저지에 있는 한 병원에 청소년 라운지를 만드는 등 실로 다양한 사업을 펼쳤다.

처음에 '키즈 헬핑 키즈'는 미샤의 고등학교 친구들이 만든 단체에 불과했다. 하지만 이내 친구들의 친구들까지 참여하게 되었다. 그리고 몇 년 뒤에는 미샤 여동생의 친구들까지 합세했다. 이 과정에서 미샤는 리더로 제 몫을 톡톡히 하면서 활동에 관계하는 모든 사람들에게 희망을 선사했다. 미샤네 집 거실에서 '키즈 헬핑 키즈'를 세우기로 처음 의기투합한 친구들, 어려운 말로 창립 발기인들은 고등학교를 졸업한 뒤에 각자 자신이 진학한 대학마다 지부를 세웠다. 덕분에 조직 규모가 더 커질 수 있었다.

미샤는 몸이 불편했다. 하지만 언제나 의연했다. 나는 아직도 미샤의 그런 모습을 잊을 수가 없다. 미샤는 자기한테 주어진 일을 묵묵히 수행했다. 결코 지치는 법이 없었다. 전동 휠체어의 도움을 받아 뉴욕 대학교에 다녔고 기숙사에서 생활했다. 자기가 사용하는 전동 휠체어 제조사 '프라이드 모빌리티'의 홍보대사로 활동하기도 했다. 혼자서 라스베이거스를 여행한 적도 있었다. 병이 재발한 상황에서도 미샤는 당당하고 활기찬 모습을 잃는 법이 없었다. 미래를 두려워하는 일도 없었다.

대학교 2학년 때의 어느 주말이었다. 집에 왔는데 미샤 아버지에게서 전화가 왔다. 다급한 목소리였다. 나는 미샤가 그즈음 건강 상태가 안 좋다는 사실을 알고 있었다. 하지만 가망이 없는 상태로 입원했다는 말을 전해 듣자 억장이 무너지는 기분이 들었다. 나는 학교로 돌아가는 버스를 타는 대신 맨해튼으로 향했다. 미샤가 입원한 병원이 거기에 있었다.

가족과 친구들이 병상에 누운 미샤 주위에 모였다. 미샤는 의식을 잃은 것 같았다. 하지만 질문을 들으면 손가락을 겨우 움직여 대답할 수 있었다. 나는 미샤에게 둘만의 소중한 추억을 몇 가지 이야기했다. 그리고 친구로 지낼 수 있어서 얼마나 행복한지 모른다고 덧붙였다. 그로부터 며칠 뒤에 전화가 왔다. 두렵지만, 예상했던 소식이었다. 미샤 장례식 날, 나는 가슴이 미어지는 슬픔을 느꼈다. 하지만 장례식이란 안타깝게 떠나간 미샤의 삶을 아름답게 기리는 자리, 미샤가 얼마나 많은 사람들에게 감동과 희망을 주었는지 돌이켜 확인하는 자리이기도 했다.

미샤는 24년이라는 짧은 인생을 살았지만 실로 엄청난 것을 이루어냈다. 70년, 80년을 살아도 미샤만큼 세상에 변화를 일군 사람은 거의 없을 것이다. 나 역시 미샤 덕분에 인생이 완전히 바뀌었다. 세상을 바꾸는 일에 참여하는 사람, 지역 사회에 봉사하는 사람이 되었기 때문이다. 내가 지닌 것으로 남을 도울 수 있다는 사실을 체험으로 깨우쳤기 때문이다. 이는 의사가 되기로 마음먹은 여러 가지 이유 가운데 하나이기도 하다. 나는 최근에 의대를 졸업했다. 그리고 세상을 위해 무슨 좋은 일을 할까 궁리 중이다. 내 친구 미샤를 떠올리면서.

친구를 돕자!

제프리 슈렌셀 박사의 좋은 친구이자 '키즈 헬핑 키즈' 설립자 미샤 짐머만 이야기는 여러분이 친구 한 사람을 도우면 세상 모두에게 도움이 될 수 있다는 교훈을 준다. 여러분도 주위를 살펴보자. 도움이 필요한 친구가 있나? 있다면, 그 친구를 어떻게 도울 수 있을까? 지금 당장 아이디어를 내보자. 세상이 훨씬 더 살 만한 곳으로 바뀔 테니까. 궁금한 게 있다면 '키즈 헬핑 키즈' 홈페이지를 참고하자. www.kidshelping.org

미샤(왼쪽)와 제프리

재난을 당한 어린이에게 장난감을!

애슐리 스미스

내가 다섯 살 때의 일이었다. 우리 가족은 화재로 모든 것을 잃었다. 집 안에서 불길이 치솟을 당시 나는 너무나 놀란 나머지 가장 아끼는 말 인형을 그대로 두고 밖으로 뛰쳐나왔다. 그 사실을 나중에야 알았다. 내 사랑 말 인형은 화염 속에서 사라지고 말았다. 그때 그 일은 내 마음에 깊은 상처를 남겼다. 당시에는 내가 마음의 상처를 입은 줄도 몰랐다.

시간이 흘러 여덟 살이 되었을 때 소방관인 아빠가 캘리포니아 주 사우스레이크타호 일대를 휩쓴 앙고라 산불 진화작전에 투입되었다. 아빠는 잿더미가 된 마을 사진 여러 장을 보내주셨다. 나는 사진을 넘겨보다가 온몸이 얼어붙고 말았다. 어느 집 앞마당에 불탄 장난감이 나뒹굴고 있었다. 마치 내가 아끼던 말 인형이 불에 그을려 내버려진 것처럼 보였다.

참담한 사진을 보면서 그곳 아이들이 제대로 먹지도 못한다는 이야기를 듣게 되었다. 나는 아이들을 도와야 한다고 생각했다. 그래서 사우스레이크타호의 아이들을 위해 장난감을 모아야겠다고 엄마와 아빠한테 말했다. 부모님은 남을 돕는 일이라면 얼마든지 도와주겠다면서 물으셨다.

"그런데 왜 하필 장난감이니?"

"아이들한테 가장 소중한 게 뭐겠어요?"

내가 냉큼 되묻자 부모님은 바로 알아채셨다. '애슐리의 장난감 상자 Ashlee's Toy Closet'가 탄생하는 순간이었다.

나는 사우스레이크타호 산불 피해 어린이 돕기를 시작하겠다고 주위에 알리기 시작한 첫날, 지역 신문과 TV, 라디오의 도움으로 장난감 수백 개를 모을 수 있었다. 그날부터 전단지를 곳곳에 붙이고 장난감을 모아서 분류한 다음 수량이 넉넉한지 파악하는 일에 여름방학을 온전히 바쳐야 했다.

몰튼이나 하스브로, 주비스 같은 기업에서 도움을 받기도 했다. 하지만 어른들이 내 말에 귀 기울이도록 만드는 것은 여간 어려운 게 아니었다. 왜냐하면, 나는 꼬마였으니까. 하지만 그렇다고 해서 물러설 내가 아니었다!

내 사전에 포기란 없었다. 결국 나는 트럭 한 가득 장난감을 실어서 사우스레이크타호 산불로 고통받는 아이들에게 보낼 수 있었다. 장난감을 전달하던 날, 아이들 수백 명이 하나씩 손에 쥔 것은 장난감 그 이상이었다. 어쩌면 새로운 희망을 향한 첫걸음이었을지 모른다.

당시 만났던 한 가족을 아직도 잊을 수 없다. 나는 그들을 매일 떠올리면서 '애슐리의 장난감 상자'를 시작할 때 품었던 초심을 되새기곤 한다. 장난감을 나눠주는 행사 현장에 한 엄마가 아이 셋을 데리고 나타났다. 아들 둘은 어느새 기차 장난감과 책을 차지하겠다고 어디론가 달려갔다. 하지만 자그마한 여자애는 수줍은지 나랑 눈도 못 마주쳤다. 나는 그 아이랑 이야기를 나누고 싶었다. 너무도 슬퍼 보였기 때문이다. 나는 퍼즐을 쌓아둔 테이블로 가서 하나를 가져왔다. 그리고 아이한테 건넸다. 그런데 이게 웬일인가? 아이와 엄마가 동시에 울음을 터뜨리는 게 아닌가! 무척 당황스러웠다. 내가 뭔가 잘못한 게 있는 것 같았다. 그런 나를 보면서 아이 엄마가 사연을 들려주었다.

"산불이 모든 걸 앗아가기 전까지, 우리 애가 제일 아끼던 퍼즐이 바로 그거였어! 네가 그걸 어떻게 알았니?"

'애슐리의 장난감 상자' 홈페이지
www.AshleesToyCloset.org

그렇게 이야기를 주고받으면서 그 조그만 여자애는 내 친구가 되었고, 그날 온종일 나하고만 어울려 놀았다. (엄마들이 으레 그러듯이) 아이 엄마가 우리 엄마랑 마주앉아 눈물을 훔치는 사이, 나는 새로 사귄 꼬맹이 친구와 함께 또 다른 장난감을 골라서 가지고 놀았다. 그렇게 시간을 보내는 동안 나는 속으로 새로운 희망을 꿈꿀 수 있었다. 내가 이런 일을 벌이는 까닭이 바로 이런 거다. 내 친구들의 웃는 얼굴을 보는 게 좋기 때문이다. 내 친구들이 행복하게 살아가도록 돕는 것 자체가 나에겐 정말 멋진 경험이기 때문이다.

내 마음속에 담아둔 이야기가 하나 더 있다. 2009년이었다. 나는 네바다 주 펀리에서 홍수로 피해를 입은 친구들을 위해 장난감 수천 개를 모았다. 그런데 장난감을 전달하기 바로 전날에 몽땅 도둑맞고 말았다. 너무 슬퍼서 눈물도 안 나왔다. 그래도 장난감을 훔쳐간 사람은 나보다 장난감이 더 절실히 필요한 사람일 거라고, 그러니 다시 시작하자고 엄마한테 말했다. 그러자 이 소식을 들은 이웃들이 너나없이 도움의 손길을 내밀기 시작했다. 결국 나는 처음 모은 것보다 두 배나 많은 장난감을 펀리로 실어 나를 수 있었다.

사람들은 대부분 모든 것을 잃고 나면 포기해버리고 만다. 하지만 나는 그때 경험에서 교훈을 얻었다. 실패하더라도 멈추면 안 된다는 교훈 말이다. 삶이 여러분에게 직구만 던지는 것은 아니다. 때로는 변화구도 던진다. 우리는 변화구에 속을 때마다 교훈을 얻어야 한다. 그리고 끊임없이 앞으로 나아가야 한다.

나는 지금까지 장난감 17만 5,000개를 모아서 전국 방방곡곡에 있는 친구들에게 선물했다. '애슐리의 장난감 상자'는 재난으로 고통받는 어린이들을 돕는 비영리단체다. 어려운 형편 탓에 크리스마스나 생일에 빈손으로 지내는 아이들한테 선물을 주기도 한다.

"재난 피해 어린이에게 도움의 손길을!"

이것이 우리 모토다. 요즘 내 꿈은 이런 사명을 더 잘 수행하기 위해 버스 한 대를 마련하는 것이다. 버스에 '나눔은 두 바퀴를 타고!'라는 문구를 큼지막하게 붙일 작정이다. 버스가 생긴다면 재난 지역 어린이들을 훨씬 빨리 도울 수 있을 것 같다.

'애슐리의 장난감 상자'도 언젠가는 다른 도시에 수많은 지부가 생길 것이다. 재난을 당한 어린이들이 슬픈 얼굴을 거두고 활짝 웃을 수 있도록 어디든 달려가는 든든한 벗이 될 것이다. 나는 친구들에게 장난감을 선물하는 나눔을 실천하면서 장난감처럼 작은 것도 삶을 변화시키는 긍정적인 힘이 있다는 교훈을 얻었다. 우리 모두가 힘을 합하면 아주 특별한 희망이 엄청난 속도로 퍼져나갈 것이다. 산불보다 훨씬 빠르게!

우리에겐 '나눌 거리'가 아주 많다!

애슐리는 '애슐리의 장난감 상자'라는 단체를 세웠다. 마지막에 이야기한 것처럼 애슐리는 지구촌 곳곳에 비슷한 단체가 생기기를 바라고 있다. 여러분도 애슐리처럼 친구를 위한 나눔을 얼마든지 실천할 수 있다! 홈페이지에 가서 더 많은 것을 배우자.

www.AshleesToyCloset.org

우리는 각자 해야 할 일이 있다

태너 스미스

사내아이들은 아빠를 흉내 내면서 자란다. 걸음걸이는 물론이고 엄마를 대하는 방식, 아침밥으로 먹는 음식, 역경에 대처하는 자세까지 그대로 배운다. 이렇듯 아버지는 아들에게 실로 위대한 존재다. 아들이 닮고자 하는 모든 것을 지닌 존재이기 때문이다. 하지만 달리 이야기하면 닮고 싶지 않아도 어쩔 수 없이 닮아가는 존재라는 뜻도 된다. 이런 설명이 나만큼 들어맞는 경우는 없을 것이다.

나의 아버지 크레이그 스미스는 어릴 적부터 친구들 사이에서 인기가 아주 높았다. 고등학교에서는 축구선수와 야구선수, 농구선수로 활약했다. 테네시 대학교 신입생 시절에는 대학 야구팀에서 선수로 뛰었다. 하지만 당신의 꿈이 야구선수가 아니라는 걸 이내 깨닫고 치과의사가 되기로 마음을 고쳐먹었다.

아버지는 젊어서 모든 것을 얻었다. 아름다운 아내 캐시, 남들이 알아주고 당신도 사랑하는 치과의사라는 직업, 그리고 아들인 나 태너까지.

나는 스미스 가족의 자랑이자 기쁨이었다. 부모님께 아이는 나 하나뿐이었다. 나는 정말 더할 나위 없는 사랑을 받으면서 자랐다.(부모님은 내가 너무 못되게 굴어서 아이를 더 낳을 생각이 사라졌다고 농담하시곤 했다!) 우리 세 식구는 언제나 한 덩어리로 철썩 붙어서 다녔다.

그런데 내가 두 살 되던 해, 마른하늘에 날벼락 같은 일이 벌어졌다. 아버지가 임파선 암 판정을 받은 것이다. 그때 아버지 나이는 서른두 살이었다. 상태가 너무 안 좋았다. 골수 이식을 받아야 했는데, 고모가 적합한 것으로 나왔다. 수술은 성공적이었고 예후도 좋았다.

아버지는 암 수술을 받고 회복한 뒤에 본업인 치과의사로 복귀했다. 나 역시 말썽꾸러기로 돌아갔다. 엄마도 다시 세상에서 제일 좋은 엄마가 되었다. 모든 게 정상을 되찾았다. 하지만 그런 일을 겪으면서 한 가지 교훈을 배웠다. 살면서 어떤 일이 닥치더라도 맞설 수 있도록 자기 몸과 마음과 영혼을 단단히 해야 한다는 것이었다. 하지만 두려운 사건이 우리 가족에게 또다시 찾아왔다!

임파선 암 수술을 받고 몇 년 뒤에 아버지는 또다시 고통의 늪에 빠지고 말았다. 백혈구는 본래 외부 침입자와 싸우기 마련이다. 그런데 아버지의 백혈구가 자기 몸을 공격하기 시작한 것이다. 골수 이식 수술을 받은 사람들이 매우 드물게 겪는 후유증이었다.

이 병은 여러 가지를 의미한다. 우선 아버지는 눈물샘이 말라붙었다. 눈물이 조금도 안 나온다. 슬픔이 솟구쳐도, 아무리 아파도 아버지 몸은 눈물을 생산할 수 없다. 침도 안 나온다. 따라서 아버지 입 안에는 음식물을 씹어서 소화하는 과정에 도움을 주는 물질이 전혀 없다. 병마와 싸우려면 영양을 제대로 섭취해야 하지만 그러기 힘들다는 뜻이다. 또 지난 17년 동안 아버지가 의존한 스테로이드와 항생제 때문에 관절과 근육과 힘줄이 닳다 못해 이제는 거의 없어질 지경이다. 폐활량 역시 건강하던 시절에 비해 20%밖에 안 된다. 이와 같은 다양한 문제가 겹치면서 얼마 전에는 왼쪽 다리를 잘라내야 했다. 오른쪽 다리도 조만간 절단해야 할지 모른다.

나는 그동안 아버지 곁에서 이 모든 과정을 낱낱이 지켜보면서 많은 것을 깨달았다. 나는 역경 앞에 당당한 아버지를 우러러볼 수밖에 없었다. 아버지는 나한테 돈으로 살 수 없는, 너무도 소중한 교훈을 주었다. 안락의자에 앉아서 강연하듯 하는 지루한 훈계와는 차원이 다른, 아버지 당신이 자신의 삶으로 몸소 보여준 깨우침이었다.

이 모든 일을 겪으면서 내가 신의 존재에 대해 의심을 품었을까? 신을 향해 불행을 없애달라고 수없이 간청했을까? 그러면서 신앙이 흔들리는 것을 느꼈을까? 물론이다!!! 그러나 제아무리 짙은 먹구름이라도 찬란한 햇살을 완전히 막을 수는 없는 법이다. 먹구름 건너편에서는 태양이 온 세상을 빛으로 가득 채우고 있을 것이다. 나는 그렇게 믿어 의심치 않았다.

초등학교 4학년 때였다. 세 가지 소원을 적어 오라는 숙제가 나왔다. 집으로 돌아오는 내내 어떤 소원을 적어야 하나, 고민에 고민을 거듭했다. 사실 나는 강아지를 키우고 싶은 마음이 간절했다. 하지만 그 소원을 들어주는 사람이 아무도 없었다. 부모님도, 심지어 산타 할아버지도 들어주지 않은 소원이었다. 그래서 나는 첫 번째 소원으로 이렇게 썼다. "골든

리트리버 한 마리를 키우고 싶어요." 이 기회에 다시 한 번 소원으로 빌어도 문제될 건 없을 것 같았다.

다음 소원은 단순한 소원이 아니라 원하는 직업이었다. 나는 농구를 정말 좋아한다. 농구선수로서 최고는 아니다. 하지만 나는 뒷마당 농구대 앞에서 몇 시간이고 슛을 던져도 지루함을 느끼지 못한다. 따라서 두 번째 소원은 이랬다. "프로농구선수가 되고 싶어요."

마지막으로 세 번째 소원을 적어야 하는 순간이었다. 그것은 열정이었다. 나는 수많은 병실을 옮겨 다녀야 했다. 아버지처럼 병마와 싸우는 아이들을 수없이 목격했다. 나에게 아버지가 영웅이듯, 그 친구들 역시 영웅을 필요로 했다. 누군가 자신을 위해 기도한다는 사실을 알아야 했다.

세 번째 소원. "암으로 고통받는 어린이들에게 웃음을 선물하고 싶어요."

숙제를 마칠 즈음에 마지막으로 이렇게 썼다. "다른 소원은 이루지 못해도 상관없어요. 하지만 어린이 암환자들이 웃을 수 있으면 정말 좋겠어요." 세 번째 소원만큼은 타협할 여지가 없다는 뜻이었다!

그 시절로부터 12년을 건너뛰어 지금으로 돌아오자. 나는 마침내 골든 리트리버를 품에 안았다. 이름을 그리피라고 붙였다.(유명한 야구선수 켄 그리피 주니어에서 따왔다.) 나는 농구 장학생으로 클렘슨 대학교에 입학했다. 그리고 주전 선수로 뛰었다. 전국대회에 출전하기도 했다. 지금은 네덜란드 즈볼레에서 프로농구선수로 활동하고 있다. 아울러 '태너의 선물가방 Tanner's Totes'이라는 비영리단체를 세웠다. 병원에서 오랜 투병생활로 힘겨워하는 어린이와 청소년들에게 꼭 필요한 물품을 가방에 한가득 넣어 선물하는 단체다.

'태너의 선물가방' 홈페이지
www.TannersTotes.com

부모님 도움을 받아가며 '태너의 선물가방'을 처음 만들 때, 우리는 어린이나 청소년이 치료를 받으러 오가면서 갖고 다니면 조금 더 편할 수 있는 실용적이면서도 재미있는 물품을 가방에 넣으면 좋겠다고 생각했다. 처음 생길 때부터 여러 사람이 힘을 모은 단체였다. 섬유회사를 운영하던 삼촌이 가방을 만들어 주면 다른 친지들이 내 친구들과 함께 물품으로 속을 채웠다. 그렇게 완성한 선물가방을 엄마 차에 싣고 '애틀랜타 어린이 건강센터'로 날랐다.

아이들은 선물가방을 받아들고 좋아서 어쩔 줄을 몰랐다. 그런 모습을 보고 우리는 아예 정식으로 절차를 밟아서 '태너의 선물가방'이라는 비영리단체를 세우기로 했다. 아버지는 서류 작업을 도왔고 어머니는 물품 구입을 맡았다. 지하실은 사무실로 바뀌었다. 세 가족이 좋은 일 해보자고 시작한 사업이었다. 그런데 지금은 전국 사업이 되었다. 여러 병원과 단체가 우리와 손을 잡았다. 우리는 지금까지 25개 주에 위치한 병원 50곳에 4,000개가 넘는 선물가방을 전달했다. 선물가방은 하와이까지 날아갔다! TV 방송에 출연하기도 했다.

지금까지 살아온 길을 뒤돌아보면 세 가지 소원을 모두 이룬 것 같아서 감사한 마음이 든다. 이런 생각도 스친다. 우리 가운데 얼마나 많은 사람들이 스스로 통제할 수 없는 문제로 고민하느라 수많은 시간을 보낼까. 차라리 부정을 긍정으로 바꾸기 위해 우리가 앞으로 할 수 있는 것은 무엇인지 생각을 집중하는 게 낫지 않을까. 나는 아버지가 모든 아픔을 잘 이겨낼 수 있게 해달라고 하루도 거르지 않고 기도했다. 하지만 고통을 꿋꿋하게 견디는 아버지가 없었다면, 내가 '태너의 선물가방'에 열정을 바치는 일도 없었을 것이다. 그리고 미국 곳곳의 병원에서 투병생활을 이어가는 아이들 4,000명이 선물가방 안에 들어 있는 따뜻한 사랑을 느낄 수도 없었을 것이다. 돌이켜보면 볼수록 또렷하게 다가오는 것이 하나 있다. 바로 신은 우리들 한 사람 한 사람이 나아갈 길을 계획한다는 사실이다.

부정을 긍정으로 뒤집자!

태너는 '태너의 선물가방'이라는 비영리단체를 설립했다. 참담한 현실 속에서 대단히 긍정적인 사명을 깨달았다. 여러분이 겪고 있는 고통과 혼란도 생산적이면서 이타적인 무언가로 바꿀 수 있다. 태너 이야기에 조금 더 귀를 기울이자. www.TannersTotes.com

우리의 빈털터리 영웅을 위하여

캐머런 타이슨

강연장 뒤편에 서서 가만히 귀를 기울였다. 믿기 어려운 이야기가 들렸기 때문이다. 2009년 7월, 어느 무더운 날이었다. 나는 엄마 손을 잡고 뉴올리언스에서 열린 퇴역군인 교육훈련 주간에 따라온 참이었다. 이날 토론 주제는 노숙인으로 전락하는 퇴역군인 문제였다.

마음이 아팠다. 수많은 군인들이 전역 후에 사회적응 교육과정을 이수하지만 정작 교육이 끝나면 아무것도 가진 게 없는 상태로 사회생활을 시작해야 하는 현실 때문이었다. 겨우 직장을 구하고 살 곳을 마련해도 가구나 집기 등 살림을 제대로 갖추고 사회생활을 시작하는 경우가 드물다는 것이다. 나는 우리 가족이 사는 조지아 주 더블린에서는 이런 일이 없어야 한다고 마음먹었다.

나는 집으로 돌아오자마자 지역 재향군인회 담당자와 약속을 잡았다. 그리고 사무실을 찾아가서 퇴역군인 사회적응 문제에 대해 이야기를 나누었다. 담당자는 나를 그저 자원봉사를 하러 온 학생으로 여기는 듯했다. 그래도 상당수 퇴역군인들이 가족의 도움이나 기타 지원을 못 받아 불행히도 나락으로 떨어진다는 설명을 들을 수 있었다.

그날 나는 그 작은 사무실에 앉아 이야기를 나누면서 내가 해야 할 일이 무엇인지 깨달았다. 하지만 고작 열다섯 살 먹은 녀석이 실제로 무얼 어쩐단 말인가? 그저 자그마한 촌동네에 사는 촌뜨기 소년에 불과한 것을. 심지어 운전면허도 아직 없는데! 이런 내가 무슨 이야기를 한들 사람들이 진지하게 들어주기나 할까?

그날 밤, 나는 군인 출신 노숙인을 위해 일한 적이 있는 친척한테 전화를 걸었다. 우리 고장 퇴역군인들을 돕고 싶다고 말했다. 친척은 힘닿는 데까지 돕겠다고 했다. 퇴역군인 지원사업 '군인을 위하여!Soldier On!'가 탄생하는 순간이었다.

부모님도 팔을 걷고 도와주셨다. 엄마는 조지아 주 보건의료교육위원회에 퇴역군인 지원사업을 목적으로 하는 비영리법인을 세울 수 있는지 문의했다. 위원회는 흔쾌히 허락했다. 나는 뛸 듯이 기뻤다. 기부자에게 세액 공제 혜택을 제공하는 정식 기부단체를 세울 수 있다는 뜻이었다. 나는 다음 날 아침을 먹자마자 은행으로 달려가서 예금을 인출했다. 그 돈으로 창고를 빌렸다. 전단지를 만들어 곳곳에 뿌렸다.

내가 받은 첫 번째 기부물품은 할머니가 만든 누비이불과 엄마가 쓰던 주방용품이었다. 친구들도 더 이상 안 쓰는 물건을 찾겠다며 자기 집 다락방을 샅샅이 뒤졌다. 얼마 안 있어 기부하겠다는 전화가 빗발치기 시작했다. 우리는 창고를 기부물품으로 가득 채울 수 있었다.

얼마 후 퇴역군인 두 사람한테서 전화가 왔다. 우리는 창고에서 만났다. 그들은 창고에 진열한 물품을 둘러보면서 이 모든 게 공짜라는 사실에 놀라움을 금치 못했다. 나는 두 사람 곁에 서서 설명했다.

"두 분은 우리를 위해 목숨을 걸고 헌신한 사람들이잖아요. 이젠 우리가 보답할 차례라고 생각해요."

어마어마한 기부금이 밀려들기 시작했다. 우리는 덩치가 커다란 기부물품을 운반하기 위해 트럭을 한 대 샀다. 침대도 몇 개 들어왔다. 가전제품도 받았다. 특히 옷은 엄청난 분량이 쌓였다.

어느 날, 퇴역군인 한 사람이 아내와 함께 창고를 찾았다. 남편이 전선을 누비던 시절에 아내는 친척 집에 얹혀살았다. 남편이 전역한 뒤에 부부가 함께 살게 되었지만 변변한 살림살이가 없었다. 우리는 부부를 위해 창고 문을 활짝 열었다. 그러자 아내가 물었다. 어떤 물건을 가져갈 수 있냐고. 나는 부부를 바라보면서 대답했다.

"원하는 대로, 뭐든지 가져가세요."

아내는 두 뺨을 눈물로 적셨다. 그리고 아이들까지 네 식구가 단란한 가정을 이룰 수 있는 침대 두 개와 거실 가구, 소파, 냉장고, 전자레인지를 골랐다. 나는 고개를 돌려 우리 엄마와 자원봉사자를 쳐다봤다. 두 사람도 울고 있었다. 그때 나는 이 일을 평생 직업으로 삼아야겠다고 마음먹었다.

마침내 나눔 행사를 공식으로 진행하는 첫날이 밝았다. 나는 조마조마했다. 벌써 창고 네 곳을 물품으로 가득 채운 상황인데 아무도 안 오면 어쩌나 싶었다. 하지만 쓸데없는 걱정이었다. 행사를 오전 10시에 시작해서 오후 2시에 마친다고 광고했는데, 퇴역군인들은 새벽 6시 30분부터 창고 앞에 줄을 섰다. 그리고 내 친구 일곱 명이 도우러 왔다.

맨 앞에 선 사람은 장애를 입은 퇴역군인이었다. 그는 냉장고와 전자레인지, 세탁기, 침대, 서랍, 이불을 골랐다. 자원봉사자 한 명이 그가 사는 작은 집으로 이 모든 물품을 날라주었다. 자원봉사자가 일을 마치고 돌아와서 나한테 귀엣말로 물었다.

"그분 댁에 뭐가 있었을 것 같아?"

잘 모르겠다고 말하자 이런 대답이 돌아왔다.

"마룻바닥에 깔개 하나. 그게 전부였어."

지금은 우리 일을 돕는 자원봉사자가 26명이나 된다. 이 글을 쓰는 지금까지 우리는 퇴역군인 154명과 그 가족을 도왔다. 17만 4,000달러 상당의 기부물품을 받았다. 기부금도 1만 달러나 된다. 승용차와 승합차도 기부받아서 돈으로 바꾸었다.

두 번째 나눔 행사를 벌인 날, 가장 먼저 창고에 도착한 사람은 베트남전쟁 참전용사였다. 그는 산더미처럼 쌓인 기부물품을 바라보며 놀란 입을 다물지 못했다. 필요한 물건을 골라서 돌아갈 때 우리가 차에 싣는 걸 돕자 그는 나를 보며 이렇게 말했다.

"이봐, 젊은 친구! 고마워. 베트남전쟁이 끝나고 고향에 돌아왔을 때도 나한테 고생했다는 말 한 마디 건넨 사람이 없었는데 말이야. 그런데 뭐랄까, 오늘은 위로를 받는 느낌이 드는군."

이웃 사람들이 보여준 인심도 대단했다. 사실 그 정도일 줄은 몰랐다. 창고에 남은 공간이 없어서 물건을 싣고 찾아온 사람들을 그대로 돌려보낸 적도 많았다. 미국 해외전쟁 참전용사회에서도 힘을 합치고 싶으니 향후 계획을 협의하자고 제안할 정도였다. 정말 신나는 일이었다. 각종 모임이나 예배 시간에 강연자로 초청을 받기도 했다.

요즘 우리는 참전용사들이 느긋하게 구경하면서 물품을 고를 수 있도록 널찍한 창고를 마련하는 게 소원이다. 소신을 가지고 행동에 나서고 싶은 젊은이가 있다면 나는 이렇게 조언하겠다. 무조건 저지르고 보라! 우리는 퇴역군인 한 사람을 창고에서 만날 때마다, 보잘것없는 도움인데도 고맙다는 말을 들을 때마다, 축복을 받는 기분이 든다.

우리는 젊음으로 이룰 수 있는 것에는 한계가 없다는 믿음을 가져야 한다. 처음 아이디어를 짜내려 고민하던 때만 해도 사실 자신감이 없었다. 잘 될까 싶어서 걱정도 많았다. 우리 집은 아빠가 알츠하이머에 시달리다 돌아가신 뒤로 엄마가 하루 종일 바삐 일해야 먹고사는 형편이었다. 하지만 식구들은 언제나 나를 응원했고, 여기에 친구들의 도움까지 받은 덕분에 내 아이디어는 예상을 훨씬 뛰어넘어 큰 사업으로 발전할 수 있었다.

'군인을 위하여!'를 지역 신문이 소개한 뒤로 외국에서 9명이 기부금을 보내왔다. 나는 이들이 보내온 응원 메시지를 지금도 읽고 또 읽는다. 전국으로 방송하는 라디오 프로그램에 출연하기도 했다. 그 결과 23개 주에서 기부금이 답지했다. 우리는 미약한 힘이지만, 그래서 아주 느리지만, 세상을 조금 더 건강하게 만들었다고 자부한다. 주위에 헐벗은 이웃이 존재한다는 것을 부끄럽게 생각해야 한다. 특히 나라를 위해 봉사한 군인들이라면 무슨 말이 더 필요할까.

우리 창고는 기부물품으로 발 디딜 곳이 없을 정도다. 이제는 재향군인회에서도 퇴역군인들에게 우리를 소개한다. 우리 집안 전통을 따라 조지아서던 칼리지에 진학하려던 계획도 바꾸었다. 대신에 미들조지아 칼리지에 다니기로 했다. 대단히 중요한 이 사업을 계속할 수 있기 때문이다.

우리 사회의 숨은 영웅들을 위해 무언가 할 수 있다는 사실이 나에겐 너무도 중요하다. 또래 친구들에게 한마디 하겠다. "우리가 아니면 누가 하겠어? 지금이 아니면 언제 하려고?"

이제는 보답할 때!

캐머런은 '군인을 위하여!'를 설립해서 형편이 어려운 퇴역군인들을 돕는다. 우리를 위해, 우리가 누리는 자유를 위해 자신을 희생한 용감한 사람들과 그 가족에게 보답하는 것은 굉장히 소중한 일이다.

2장

솟아라, 초능력!

장애는 곧 무능력이라고들 하지만
사실은 비장애인들로 하여금
최선을 이끌어내도록 도와주는
특별한 힘이자 기회다.

진정한 멋을 아는 사람

아리엘 섹터

폼에 살고 폼에 죽는 사람들이 너무나 많다. 안 멋지다는 얘기를 들으면 큰일 나는 줄 안다. 정말이다! 그런데 어쩌지? 나는 아무리 진하게 화장하고 까마득히 높은(이라 쓰고 '3인치'라 읽는다) 하이힐을 신어도 멋지다는 느낌이 전혀 안 드는 사람인 것을.

사실 나는 귀 모양이 우습고 억양이 특이하며 남이 하는 말을 못 알아듣는 소녀로 살아왔다. 그렇다. 나는 청각장애인이다. 으음, 정확히 말하면 청력을 서서히 잃은 사람이다. 한때는 잘 들렸지만 몇 년에 걸쳐서 소리를 못 듣게 되었다. 상태가 서서히 나빠졌기 때문에 이처럼 심각한 상태에 빠지리라고는 생각도 못 했다. 그래서 내가 세련된 비장애인들이 형성한 주류 사회건, 청각장애가 있는 외톨이들의 세상이건, 그 어디에도 안 어울리는 것 같았다. 나는 아무것도 안 들리는 사람은 아니다. 그렇다고 모든 게 잘 들리는 사람도 아니다.

나는 이런 이유로 장애라는 주홍글씨가 나와 비장애인 친구들 사이에 자칫 선명한 구분선을 긋는 건 아닐까 걱정하면서 살았다. 그 결과 사람들이 보통 멋지다고 여기는 무언가에 대해 심하게 집착했다. 비장애인들 세상에서 밀려나면 어쩌나 싶어 발버둥 친 것이다. 그러다가 깨달았다. 장애와 비장애를 나누는 구분 자체를 없애야 한다고. 둘로 나뉜 세상을 하나로 합쳐야 한다고. 그러려면 청력을 완전히 잃었거나 청력이 미약한 우리 같은 사람들이 일상을 살아가면서 불편을 느껴선 안 된다. 청각장애인이 주류 사회에 접근할 때 걸림돌이 있어선 안 된다. 그래서 결심했다. 청각장애라는 것 자체가 괴상한 게 절대 아니며 어쩌면 멋있기도 하다는 사실을 사람들한테 널리 알리기로!

잘 들리는 세상과 안 들리는 세상을 완벽하게 통합하는 것은 매우 어려운 일이다. 청력을 완전히 또는 상당히 잃은 사람들이 주류 사회의 일원이 되려고 할 때에 여러 가지 문제가 걸림돌로 작용하기 때문이다. 가장 큰 문제는 장애인에 대한 차별이다. 다른 말로 하면, 장애가 없는 사람을 우선시하는 풍조다. 청각장애인은 일상생활에 꼭 필요한 서비스를 마음껏 이용하는 것조차 어렵다. 나는 이런 문제를 내 손으로 고치고 싶었다. 처음엔 엄마한테 도움을 받기도 했다. 하지만 지금은 나 혼자서 나아간다.

먼저 물리적인 환경을 개선하는 작업부터 시작했다. 청각장애인들로 하여금 비장애인 중심의 주류 사회가 제공하는 혜택을 똑같이 누릴 수 있도록 노력했다. 특히 청각장애인이 극장이나 박물관 같은 곳을 제대로 활용할 수 있게 하는 제도에 일관성도, 강제성도 없다는 사실에 주목했다. 나는 이런 기관들이 '미국장애인법'을 비롯한 관련 법률과 국제 규약을 준수하도록 도왔다. '미국장애인법'이란 어떤 종류건 장애를 이유로

하는 차별을 금지하는 법으로, 대중이 이용하는 모든 장소 또는 대중을 상대로 하는 모든 사업에 평등하게 접근할 권리를 보장하고 있다. 아울러 관련 법률을 한층 적극적으로 적용해서 청각장애인의 접근권을 확대해야 한다는 요구를 정치인들에게 전달하기도 했다.

나는 청각장애인들이 주류 사회에 진입하는 걸 가로막는 다양한 문제를 해결하려고 애쓰며 산다. 물론 고치지 못한 문제가 여전히 많다. 청각장애인에 대한 사회적 편견은 뿌리가 매우 깊기 때문이다. 단번에 바꿀 수는 없는 일이다. 이뿐만이 아니다. 청각장애인들, 특히 청각장애 청소년들이 비장애인과 마찬가지로 꿈을 이룰 잠재력이 있다는 사실을 깨닫지 못하는 것도 문제다.

여러분은 소리를 아예 못 듣거나 겨우 듣는 사람이라고 하면 솔직히 누구를 떠올리는가? 아마도 여러분의 할머니나 할아버지 같은 노인들일 것이다. 여러분이 무슨 말을 할 때마다 "뭐라고? 안 들려! 크게 말해봐!" 하고 소리치는 사람들 말이다.

청각장애가 있는 유명인 가운데 여러분이 아는 사람을 떠올려보라. 생각나는 사람이 별로 없을 것이다. 말리 매틀린(1987년 〈작은 신의 아이들〉로 아카데미 여우주연상을 받은 청각장애인 배우:옮긴이)이나 1968년에 세상을 떠난 헬렌 켈러 정도일 것이다. 사실 청각장애를 안고 자란 사람들 가운데 선거를 거쳐서 국가적 지위에 오른 사람은 고작 세 명이라고 한다. 어느 나라에서였을까? 미국은 절대로 아니다. 모르겠다고? 정답은 오스트리아와 그리스, 남아프리카공화국이다.

이처럼 청각장애인들 가운데 근사한 롤 모델이 거의 없다 보니 청각장애 청소년들은 자신도 성공적인 미래를 맞이할 수 있다는 사실을 깨닫지 못한다. 나는 이와 같은 편견을 없애야겠다는 생각에서 '못 듣는 사람들의 베스트 프렌드bf4life-hearing'라는 웹사이트를 만들었다. 이곳은 청각장애와 관련한 여러 가지 문제를 지속적으로 토론하는 공간이다.

웹사이트를 개설한 가장 중요한 목적은 청각장애 청소년들이 스스로 장애인에 불과하다고 체념하지 않도록, 장애란 자신을 이루는 작은 부분일 뿐이라는 사실을 깨닫도록 이끄는 것이다. 아울러 이 웹사이트는 비장애인 중심의 주류 사회와 청각장애인들의 세상을 통합하려는 시도이기도 하다. 그러려면 장애인과 비장애인이 상대방에 대해 오해를 풀어야 한다. 아울러 청각장애 청소년들이 (제아무리 엉뚱하고 불가능해 보일지라도) 자신의 꿈을 향해 나아가도록 응원해야 한다. 청각 전문가라는 사람들은 나한테 "심각한 청력 손실 때문에 아무것도 할 수 없다"고 줄곧 말했다. 나는 그런 이야기를 들을 때마다 마음이 찢어지는 것 같았다. 청각장애 청소년들이 더 이상 나 같은 일을 겪어선 안 된다.

이제 우리 웹사이트는 청각장애 청소년을 위한 국제적 온라인 커뮤니티로 인정받고 있다. 무엇보다 청각장애인들로부터 칭찬받는 공간이 되었다. 차별주의에 맞서고 장애와 비장애 사이에 놓인 장벽을 허물고 있다는 사실이 뿌듯하다. 그러나 가장 중요한 점은 (나 역시 그토록 바라 마지않던) 소속감을 장애 청소년들에게 선사할 수 있다는 사실이다.

우리 웹사이트에 올라오는 블로그들을 살펴보면, 유행에 민감한 비장애 청소년들 이야기와 청각장애 이야기가 뒤섞이는 모습을 확인할 수 있다. 대다수 청소년들이 귀를 쫑긋 세울 법한 최신 유행들을 청각장애인 관점으로 살짝 비틀어서 보여주고 있다. 심지어 청각장애 순례자들의 역사와 옛날 옛적 추수감사절에서 그들이 맡은 역할에 관한 블로그도 있다.

나는 전 세계 수많은 사람들이 우리 웹사이트를 통해 청각장애를 있는 그대로 받아들이는 것 같아서 정말 자랑스럽다. 내가 이런 일을 하면서 가장 보람을 느끼는 순간은 청소년들에게서 이메일과 편지를 받을 때다. 그들은 우리 웹사이트 덕분에 청각장애를 바라보는 시각이 완전히 바뀌었다면서 모든 게 잘 될 거라는 희망과 믿음을 갖게 되었다고 말한다.

나 역시 우리 웹사이트를 통해 큰 도움을 받았다. 《허핑턴 포스트》처럼 인기 있는 매체에 글을 쓰게 되었다. 또 《글래머》라는 유명 잡지가 2011년 올해의 젊은 여성으로 나를 선정하기도 했다.

하지만 내가 이 일을 통해 얻게 된 가장 커다란 선물은 나 자신의 장애에 대해 새로운 시각을 갖게 되었다는 것이다. 장애 역시 나를 이루는 한 부분이라고 여기게 되었다. 다시 말하면, 나라는 사람은 청각장애만으로 설명할 수도 없지만, 청각장애를 빼놓고 설명할 수도 없다.

진정한 멋을 아는 사람이라면!

아리엘은 '못 듣는 사람들의 베스트 프렌드'라는 웹사이트를 만들었다. 참으로 멋지다는 말은 여러분이 자기 모습을 있는 그대로 받아들이고 그런 바탕에서 모두에게 도움이 되도록 노력한다는 뜻이다. 아리엘은 이런 교훈을 널리 알리고자 노력하고 있다. 정말 멋진 게 무엇인지 알고 싶다면 아리엘의 웹사이트를 찾아가자.

www.bf4life-hearing.weebly.com

왕따에서 듬직한 사나이로

하이어워서 클레먼스

나는 특수반 학생이었다. 때로는 눈앞에서, 때로는 뒤에서 수많은 조롱을 견뎌야 했다. 사람들은 특수반 학생을 열등한 존재로 낙인찍는다. 당사자는 그런 낙인을 살아가는 방식의 하나로 받아들이고 체념한다. 나는 지금까지 살면서 내가 무엇을 어떻게 참고 견뎠는지, 여러분과 이야기를 나누고자 한다. 신이 나를 지금 이곳까지 오게 한 것은 여러분에게 내 삶을 증언하기 위해서라고 생각한다.

때는 1995년으로 거슬러 올라간다. 나는 버지니아 주 버지니아비치에 있는 브랜든 중학교에 다녔다. 그때 나는 중학교 1학년이었는데 나름대로 즐겁게 생활한 것 같다. 나는 학교에서 개그맨으로 통했다. 덕분에 친구도 많이 사귄 편이었다. 그러나 내가 유명한 이유는 한 가지 더 있었다. 그것은 바로 폭력성이었다. 남들이 무시한다고 느낄 때마다 폭발했던 것이다. 선생님이 알건 말건 상관없었다. 그해 중반 즈음해서 불행히도 나는 말썽을 너무 많이 일으켰다. 담임선생님은 물론 교장선생님께도 완전히 찍히고 말았다. 결국 나는 특수반 선생님에게 배정되었다.

2학년이 되면서 모든 것이 더욱 힘들었다. 나는 다른 학생들이 전부 교실로 들어가고 나서야 조그만 특수반 교실로 몸을 숨기곤 했다. 뭐, 나쁜 생각은 아니었던 것 같다. 수업을 마치고 집으로 돌아갈 때면, 고개를 복도로 빠끔히 내밀고 좌우를 살피다가 종이 울리자마자 잽싸게 교실 밖으로 튀어나왔다. 친구들이 눈치채면 절대 안 되기 때문이었다. 그런 식으로 교실을 들어가고 나오는 간단한 일이 나에겐 너무도 중요한 업무가 되었다. 그러던 어느 날, 화장실에 가려고 특수반 교실 문을 나서는데 그 모습을 한 친구가 목격하고 말았다. 한순간 방심한 탓에 영영 피하고 싶었던 상황과 맞닥뜨리게 된 것이다.

"너 거기서 뭐 하는 거야, 하와타?"

녀석이 비꼬듯 물었다. 내 이름을 일부러 바보처럼 발음하면서. 지금 생각해도 구역질이 난다. 나는 우물쭈물하며 대답했다.

"어, 화장실에 가려고. 왜, 왜 물어?"

그러자 녀석이 무표정한 얼굴로 이죽거렸다.

"하와타, 네가 멍청이반에서 몰래 나오는 거 내가 봤거든."

나는 큰 소리로 대꾸했다.

"아니야, 나 멍청이 아니야! 그냥 마음이 좀 불안한 거야. 저능아가 아니란 말이야!"

하지만 퉁명스러운 대답이 돌아왔다.

"뭐라는 거야? 그게 그거지! 멍청이 맞잖아!"

나는 당장에 그 녀석을 두들겨 패주고 싶었다. 하지만 그랬다간 정말 문제아 딱지를 이마에 붙일 게 빤했다. 그래서 울분을 삼키고 놀림을 참았다. 불행 중 다행인 것은 학년이 막바지에 이르면서 나를 담당하던 도나 길 선생님과 좋은 사이로 지낼 수 있었다는 점이다. 도나 선생님은 마음씨가 참 따뜻한 분이었다. 그해에도 교장선생님 방에 몇 번 더 붙잡혀 갔지만 엄마와 아빠, 도나 선생님은 나를 결코 포기하지 않았다.

내가 특수교사가 되기로 마음먹은 것은 톨우드 고등학교에 다닐 때였다. 1학년 때 특수반 담임으로 리처드 베리 선생님을 만났다. 인기가 아주 많은 선생님이었다. 그래서 학교에서 인기 있는 학생들도 선생님을 많이 따랐다. 덕분에 이 친구들 가운데 몇몇을 사귈 수 있었다. 그때부터 친구들은 나를 훨씬 살갑게 대하기 시작했다. 나는 이런 결론에 이르렀다. 우리나라, 아니 전 세계 모든 특수반 학생들이 인간으로서 더욱 존중을 받아야 한다고!

자랑스럽게 말할 수 있다. 나는 고등학교를 졸업할 때까지 정학을 한 번밖에 안 맞았다. 중학교에서는 10번이나 당했던 정학을! 3학년 때는 다른 친구들 여럿과 함께 난생처음 우등상도 받았다. 축구와 레슬링, 육상에서도 상장을 받았다.

내가 해병대에 입대하기로 마음먹은 이유는 몇 가지가 있다. 1)대학에 갈 만한 실력이 안 되었다. 2)해군 장교로 전역한 아버지가 내 영웅이었다. 3)친구들은 물론 미래의 특수반 제자들에게 모범이 되고 싶었다.

나는 고등학교를 졸업하고 3주 뒤 해병대 훈련소에 들어갔다. 실로 인생을 뒤바꾸는 경험이었다. 이 말을 꼭 해두고 싶다. 만약 해병대에 들어가지 않았다면 나는 특수반을 함께 다녔던 다른 친구들과 조금도 다를 바 없는 인생을 살았을 것이다. 나는 해병대원으로 4년 동안 복무하면서 이라크까지 다녀왔다. 그리고 완전히 다른 사람이 되어 제대했다.

그런데 고등학교 때 사귄 여자친구랑 결혼을 약속했다가 헤어지면서 또 한 번 인생이 바뀌는 경험을 거쳤다. 그러고서 결심했다. 보람찬 인생을 향해 새로운 여정을 시작해야 할 때라고. 마침 지역 대학을 졸업할 즈음에 퇴역군인 상담사가 이메일 한 통을 보내왔다. '새로운 임무'라는 이름이 붙은 6개월짜리 프로그램에 관한 내용이었다. 9·11사태를 겪고 퇴역한 군인들이 새롭게 열정을 바칠 수 있는 분야를 선택해서 성공적으로 사회에 복귀하도록 돕는 과정이었다.

사실 처음에는 반신반의했다. 하지만 '새로운 임무' 교육과정에 참가하기 위해 인터뷰를 하는 동안 생각이 바뀌었다. 나는 부모님, 그리고 학창시절 여러 선생님들이 오랜 세월 나한테 보여준 순수한 믿음을 똑같이 느낄 수 있었다. 그래서 이번 기회를 잘 살리자고 마음먹었다.

나는 '새로운 임무'를 통해 모교인 브랜든 중학교로 돌아왔다! 실로 어마어마한 축복이 아닐 수 없었다. 특수반에 들어가 창피를 당했던 학교에서 연수를 받게 되다니! 이루 다 말할 수 없는 감정이 일었다. 게다가 내가 처음 출근하던 날, 도나 선생님을 비롯해 나를 기억하는 교직원들이 죽 늘어서서 두 팔을 벌려 환영해주는 게 아닌가! 흡사 천사들이 천국의 문으로 어서 들어오라고 손짓하는 장면 같았다. 정말 잊을 수 없는 순간이었다.

'새로운 임무' 프로그램을 통해 모교에서 연수과정을 밟은 덕분에 나는 인생이 다시 한 번 바뀌었다. 그해 하반기 과정을 거치면서 감독관 로블 선생님을 통해 특수교육 교사에 대한 수요가 상당하다는 사실을 알게 되었기 때문이다. 특히 로블 선생님과 도나 선생님은 남자 교사를 롤모델로 원하는 학생들이 매우 많다는 사실을 정확히 알고 있었다. 실제로 정말 그랬다.

이 기간에 나를 따르기 시작한 학생들에 대해서도 고마움을 느낀다. 하지만 가장 기쁜 순간은 3학년 학생 한 명이 나를 두고서 장애를 극복한 자신의 영웅이라고 말했을 때였다. 나는 교실 문짝에 붙은 종이에 내 이름을 쓰고 자기 사연을 덧붙인 그 글을 읽으며 무언가 뜨거운 것이 마음속에서 울컥 치밀어 눈물을 쏟고 말았다. 나는 미래를 짊어지고 나아갈 어린 친구에게 도움이 되었다는 걸 깨닫고 신에게 감사드렸다.

마지막으로 특수반을 경험했거나 경험 중인 친구들에게 한마디 하고 싶다. 내가 어릴 때 엄마가 들려주신 이야기인데, 스스로 쓸모없는 존재라는 생각이 들 때마다 위로가 되었다. "너는 멍청이 하이어워서가 아니란다. 바보 하이어워서도 아니야. 너는 1984년 2월 14일에 태어난 자랑스러운 내 아들 하이어워서 클레먼스란다."

여러분도 기운 빠지는 일을 겪을 때마다 우리 엄마 말씀을 따라 하면 좋을 것 같다. 내 이름 대신 여러분 이름을 넣어서 말이다. 여러분은 진정 자랑스럽고 훌륭한 사람이기 때문이다.

신이 여러분과 언제나 함께하시길!

나에게 주어진 임무를 발견하라!

하이어워서는 해병대를 거쳐서 '새로운 임무'를 모색 중이다. 인생을 살아가는 바른 길을 선택한다면, 시련과 마주할 때마다 시련을 기회로 삼아 교훈을 얻으려 노력한다면, 최선의 결과를 얻을 수 있는 수많은 길이 새롭게 열릴 것이다. 그리고 그 길을 따라서 나아가다 보면 자신에게 주어진 소명이 무엇인지 또렷하게 보일 것이다.

역경 = 기회

클레어 와인랜드

사람이 역경을 바라보는 방식은 매우 다양하다. 하나는 문제가 존재하지 않는 것처럼, 아무런 문제가 없는 것처럼 행동하는 것이다. 그러는 사이에 문제가 사라지기를 소원하는 것이다. 다른 방식은 역경이 우리 인생을 파괴하도록, 삶의 기쁨을 송두리째 앗아가도록 내버려두는 것이다. 그런데 내 방식은 따로 있다. 나는 역경을 기회로 여겼다!

나는 낭포성 섬유증이라는 질병을 앓는다. 병명을 아는 사람이 거의 없는 희귀병이다. 그래서 설명을 조금 하고 넘어가야겠다. 낭포성 섬유증은 유전병으로, 허파를 비롯한 여러 기관에 탁하고 진득한 점액이 너무 많이 생기는 질병이다. 장난 아니지 않은가? 나는 이 병 때문에 하루에 네 번씩 호흡기 치료를 받아야 한다. 항생제도 달고 살아야 한다. 하지만 나는 병원을 5성급 호텔로 여기고 드나든다. 수술은 식구들끼리 흔하게 쓰는 말이 되어버렸다. 지금까지 22번이나 수술을 받았기 때문이다. 나는 날 때부터 이 병을 앓았다. 갓 태어난 아기 때는 어떤 치료도 할 수 없었다.

꼬맹이 시절 나는 무엇이든 한 번 몰두하면 끝장을 보는 아이였다. 그림을 그리기 시작하면 걸작이 탄생할 때까지 꼼짝도 안 하는 스타일이었다. 창의성도 풍부한 편이었다. 나는 병원에서 사귄 친구들과 독특하고도 아름다운 그림이 가득한 컴퓨터 게임을 하면서 치료를 받곤 했다. 나는 내 마음이 자유롭게 상상의 나래를 펴도록 내버려두었다. 물론 지금도 그렇다.

사람들은 내가 희귀병으로 인해 자라면서 힘겨운 일을 많이 겪었을 거라고 생각한다. 그러나 이보다 더 잘못된 생각은 없다. 물론 나는 밖에 나가서 뛰놀 수는 없었다. 여행을 다니는 것도 어려운 일이었다. 하지만 별 문제가 안 되었다. 내면에 자리 잡은 아이 같은 마음을 일깨우면 무엇이든지 영화처럼 짜릿하고 신나는 모험으로 바꿀 수 있기 때문이다.

어린아이였을 때는 세계 여행을 떠나고 싶었다. 요가 선생님이 되는 꿈도 꾸었다. 뉴욕 빌딩 꼭대기에서 예술가로 살고도 싶었다. 그런데 여러분이 생각하는 것과 달리, 희귀병을 앓고 있는 내가 어쩌다 보니 그런 소원을 이룰 수 있는 가능성이 훨씬 높아졌다.

여러분은 병원이라고 하면 어떤 장면이 떠오르는가? 새하얀 벽? 의료장비가 삑삑거리는 소리? 아니면 죽음? 으음, 당신이 그런 것만 보겠다고 마음먹는다면 얼마든지 볼 수 있을 것이다. 하지만 우정이나 음악은 어떨까? 예술이나 인생은 또 어떨까? 이런 것들 역시 병원에 존재한다. 마음 문을 열고 찾아보면 얼마든지 발견할 수 있는 것들이다.

나는 병원에 입원하면 입원실을 뉴욕 예술가의 작업실처럼 꾸민다. 내가 늘 꿈꾸던 그런 공간으로 말이다. 크리스마스가 되면 입이 떡 벌어질

만큼 멋지게 꾸며놓는다. 캘리포니아 롱비치에 있는 병원에서 휴가를 즐기는 것 같은 내 모습이 사실 부럽다는 사람들도 있다. 이 모든 게 내가 입원이라는 것을 일종의 즐거운 모험으로, 절망이 아니라 무언가 긍정적인 것으로 바꾸어 생각한 결과다.

이 문제에 대해 조금 더 생각해보자. 건강하게 살아가는 사람들이 내 인생을 부러워하는 까닭이 무엇일까? 내 생각에 이 문제는 건강한지 아닌지, 또는 정상인지 비정상인지 따지는 일과는 무관한 것 같다. 오히려 살면서 이례적인 곤경이나 역경을 만났을 때 대처하는 방법과 관련이 있을 것이다. 다시 말하면, 일상에서 즐거움을 찾고 희망이 없는 상황에서 열정을 발견하는 것이 가장 중요하다는 뜻이다.

예를 들어보자. 나는 열 살 때 친구랑 내 병실에서 새해맞이 파티를 열었다. 사과 주스와 새우 요리까지 준비했다. 그날 밤 당직을 서던 간호사와 의사 전원이 파티에 참석했다. 그렇게 즐거운 새해맞이 파티는 처음이었다!

나는 열일곱 살 되던 해에 특히나 많은 모험을 겪었다. 무시무시한 위기를 여러 차례 겪었다. 2년 전부터 병세가 나날이 악화하던 터였다. 나는 의식을 완전히 잃고 생명 유지 장치에 의존해서 16일을 버텼다. 살아날 확률은 1%에 불과했다. 나는 산소를 필요로 하지만 이 병을 앓는 사람들 가운데 유일하게 진동호흡기 없이 제 힘으로 숨을 쉰다.(진동호흡기는 일종의 강력한 인공호흡 장치로, 폐가 더 이상 손상을 입지 않도록 보호한다. 특히 일반적인 호흡 장치로는 효과가 없을 때 사용한다.)

여러분한테 동정심을 자아내려고 이런 말을 하는 건 아니다. 내가 겪은 역경에 대해 이야기하는 까닭은 내가 그 과정에서 놀라운 것을 얻었기 때문이다. 나는 삶을 선물로 여기고 그 자체를 신나게 즐기는 편이다. 그런데 지금은 도움과 열정을 남들과 나눌 수도 있으니 이 얼마나 행운인가. 나는 같은 병을 앓는 어린아이들이 삶의 기쁨을 찾을 수 있도록 돕고 싶었다. 내가 '클레어가 머문 자리Claire's Place Foundation'라는 재단을 세운 이유가 바로 여기에 있다.

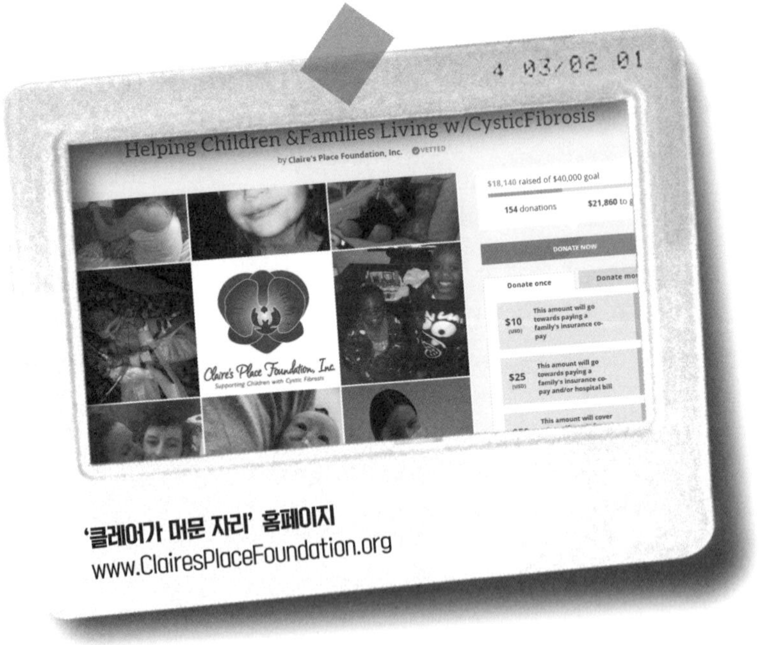

'클레어가 머문 자리' 홈페이지
www.ClairesPlaceFoundation.org

이 재단은 나 자신을 위한 것이 절대 아니다. 재단을 세웠으니 이제 됐다고 생각한 적도 없다. 재단은 내가 배운 것을 다른 사람들과 나누는 수단이자 통로라고 생각한다. 예를 들어, 나는 낭포성 섬유증 환자가 인생을 충실하게 즐기는 방법에 대해 글을 쓰고 동영상도 만든다. 이와 같은 활동을 통해 세상 사람들에게 병에 대해 알리고 환자들에게 쓸모 있는 지식을 전할 수 있었다.

나도 내 인생이 어떻게 흘러갈지 잘은 모르겠다. 하지만 내 마음만은 잘 안다. 내 병으로 인해 세상을 한결 또렷하게 볼 수 있다는 사실도 잘 안다. 인생의 정답을 안다는 뜻은 아니다. 다만, 우리가 삶을 살아가는 이유란 각자 자기만의 방법으로 다른 사람을 돕는 데 있다고, 역경이 우리한테 선사한 놀라운 기회로부터 교훈을 얻는 데 있다고 믿는다.

사람들은 나를 바라보면서 내가 어떤 기분일 게 틀림없다고 말하곤 한다. 정말이다. 나는 슬픔과 공포, 죄책감, 분노 등등 모든 감정을 여러분과 똑같이 느끼면서 살아간다. 나도 사람이다. 그러나 이 모든 감정과 기억, 깨달음 가운데 나에게 가장 큰 의미를 갖는 것은 기쁨과 사랑과 받아들임이다.

마침내 다가올 어느 날에, 내가 마지막 숨을 내뱉는 순간에, 평생 안고 살아온 병을 향해 진심으로 건네고 싶은 말은 이렇다.

"고마워. 덕분에 정말 멋진 인생을 살았어!"

고난을 기회로 삼자!

클레어는 '클레어가 머문 자리'라는 재단을 세웠다. 인생의 고통과 역경은 곧 여러분 자신은 물론 같은 고통으로 신음하는 다른 사람들까지 행복하게 만들 수 있는 새로운 기회가 된다고 믿기 때문이다. 클레어와 함께하고 싶다면 재단 홈페이지를 방문하자.
www.ClairesPlaceFoundation.org

우주 만물에 점자 이름표를!

조쉬 골든버그

안녕! 내 이름은 조쉬 쿠퍼 골든버그다. 엄마는 가끔 '조셔스' 또는 '포셔스'라고 부르기도 하지만 그냥 편하게 '조쉬'라고 불러주면 좋겠다.

나는 아홉 살이다. 태어날 때부터 앞이 안 보였다. 대신에 스티븐이라는 전문가 선생님이 의안義眼을 만들어 주셨다. 나는 두 달에 한 번 스티븐 선생님을 만난다. 엄마 이름은 크리스티인데 진짜 이름은 줄리다. 아빠 이름은 에반이다. 언니는 이름이 한나인데 열여섯 살이고 예술가다. 글도 잘 쓴다.

나는 상점이나 학교를 갈 때 가끔 지팡이를 사용한다. 하지만 지팡이를 별로 안 좋아한다. 나는 친구들을 전부 불러 모아 트램펄린에서 다 함께 폴짝폴짝 뛰노는 걸 좋아한다. 일요일마다 아빠랑 숲길을 걷는 것도 좋아한다. 나는 세 바퀴 자전거도 탈 줄 알고 스케이트보드도 탈 줄 안다. 암벽 등반을 사랑하고, 가장 좋아하는 아침식사는 초콜릿 칩을 뿌린 팬케이크다. 미식축구 보는 것도 정말 좋아한다. 가장 좋아하는 팀은 댈러스 카우보이스다. 나는 이 팀 경기에 초대를 받은 적도 있다. 그때 경기장에 가서 선수들 전원과 만났다. 정말 멋진 추억이다.

나는 상당히 똑똑해서 점자를 읽고 쓸 수 있다. 피아노로 모차르트와 베토벤의 곡을 연주할 수도 있다. 62×400처럼 어려운 곱셈도 할 수 있다. 24,800 아닌가? 원주율을 소수점 아래 257자리까지 외울 수도 있다. 그런데 요즘 연습을 못 해서 200자리까지밖에 못 외울 것 같다.

학교에 가면 보조 선생님이 나를 돕는다. 선생님은 내가 원하면 수업시간에도 교실 안에 들어올 수 있다. 하지만 나는 원치 않는다. 못 하는 게

'조슈아 프로젝트 재단' 홈페이지
joshuaprojectfoundation.blogspot.kr

없기 때문이다. 1학년 때는 착한 일을 가장 많이 한 학생으로 뽑히기도 했다. 선생님은 2등과 차이가 그렇게 많이 났던 적은 없었다고 말씀하셨다! 단어나 숫자를 점자로 빨리 쓴다는 것은 매우 어려운 일이다. 그래서 다른 친구들을 쫓아가는 게 힘들다. 아이들은 연필로 종이에 쓱쓱 써버리면 그만이기 때문이다. 하지만 내가 느리긴 해도 정답을 못 맞히는 법은 없다.

나는 '조슈아 프로젝트 재단The Joshua Project Foundation'을 세우기도 했다. 나처럼 앞을 못 보는 사람들을 돕기 위해서다. 무슨 일이 있었냐고?

어느 날, 엄마랑 쇼핑을 갔다. 장난감에 넣을 건전지를 사기 위해서였다. 그런데 엄마가 이러셨다.

"건전지가 모두 팔렸나 봐!"

"그럴 리 없어요. 분명히 남았을 거예요."

나는 이렇게 말하고 건전지를 더듬어 찾기 시작했다. 하지만 손에 닿는 건전지가 전혀 없었다. 건전지만 없는 게 아니었다. 점자로 된 라벨도 없었다.

"점자로 써놓지 않은 이유가 뭘까요? 점자 라벨이 없으면 앞을 못 보는 사람들이 물건을 어떻게 찾으라고!"

내 말에 엄마가 뭐라고 답하셨는지는 기억이 안 난다. 하지만 엄마는 집에 와서 아빠한테 이 문제에 대해 이야기했다. 엄마와 아빠는 그 상점에 점자 라벨이 없는 이유에 대해 우리가 따져야 한다고 나한테 말씀하셨다.

그러던 어느 날 우리 식구들은 어느 커다란 상점을 방문하게 되었다.

그쪽에서 우리한테 물품 선반에 점자 라벨을 붙여도 좋다고 했기 때문이다. 아빠는 제니퍼라는 친구한테 이런 이야기를 전했다. 제니퍼 아줌마는 로스앤젤레스에 사는데 방송사 기자이고 아빠랑 생일이 똑같다. 제니퍼 아줌마가 TV 카메라를 들고 우리 집에 와서 내 모습과 목소리를 담아 갔다.

그런 다음 우리는 커다란 상점에 가서 선반마다 점자 라벨을 붙였다. 제니퍼 아줌마는 우리랑 함께 가서 상점을 찾은 손님들과 이야기를 나누었다. 그 장면이 5시 뉴스에 나왔다. 뉴스 진행자는 내가 다섯 살이라고 했지만 나는 일곱 살이었다. 그 커다란 상점은 우리가 다녀가고 한 달 뒤에 점자 라벨을 떼어버렸다. 이유는 모르겠다. 하지만 괜찮았다. 나중에 홀푸드 마켓(미국의 유기농 식료품 체인점:옮긴이)에 점자 라벨을 붙였는데, 거기서는 내가 붙인 것을 절대로 떼지 않았기 때문이다.

제니퍼 아줌마는 우리가 홀푸드 마켓에 갈 때도 왔다. 그래서 나는 TV에 또 나왔다. 어떤 잡지도 내 사진을 찍어 갔다. 우리 학교 친구들은 나를 TV에서 보고 놀라서 어쩔 줄을 몰랐다. 우리 반 부르너 선생님은 내가 나온 뉴스를 모두가 볼 수 있도록 교실에 붙여두기도 했다. 다들 내가 유명한 사람이라고 말했다. 하지만 나는 이렇게 대답했다.

"유명하긴요. 저는 그냥 조쉬예요!"

엄마와 아빠는 국립 점자 출판사에서 전화를 받았다. 나를 비롯한 우리 식구들한테 큰 상을 주겠다는 내용이었다. 점자 문화 확산에 이바지한 사람한테 주는 상이라고 했다. 우리는 비행기를 타고 보스턴에 갔고, 나는 TV 생방송에 출연해서 진행자와 이야기를 나눴다. 그런 뒤 점자 라벨을 붙이려고 보스턴에 있는 홀푸드 마켓으로 갔다.

이번에는 훨씬 더 많은 사람들이 기다리고 있었다. 라디오 방송사나 신문사에서 나온 사람들이 나와 대화하기를 원했다. 사람들이 나한테 던진 질문이 100만 개쯤 되는 것 같았다. 나를 격려하는 시각장애인들도 아주 많았다. 음식이나 물건을 살 때 점자로 확인할 수 있어 정말 좋다면서 말이다. 나는 시각장애인들이 비장애인들처럼 쇼핑을 즐길 수 있다는 사실에 정말 행복했다.

보스턴에서 돌아온 뒤에는 샌타바버라로 향했다. 그곳에 있는 홀푸드 마켓에도 점자 라벨을 붙여야 했다. 시각장애인들이 편히 쇼핑할 수 있는 곳이 하나 더 는다는 생각에 기쁜 마음으로 일했다. 물건 앞에 점자 라벨이 없으면 시각장애인들은 다른 사람한테 뭐라고 쓰였는지 읽어달라고 부탁해야 한다.

나는 엄마와 아빠 덕분에 '조슈아 프로젝트 재단'을 시작할 수 있어서 정말 행복하다. 우리는 비영리단체다. 돈을 버는 곳이 아니라는 말이다. 하지만 웹사이트를 운영하거나 기부금을 받는 것은 괜찮다. 더 많은 상점에 더 많은 점자 라벨을 붙이기 위해서다. 나는 언제나 이렇게 말한다.

"장난감을 많이 파는 대형 쇼핑몰에도 점자 라벨을 붙이고 싶다. 아니, 우주 만물에 점자 라벨을 붙이고 싶다!"

완전히 새로운 방식으로 세상을 경험하자!

조쉬는 '조슈아 프로젝트 재단'을 세웠다. 그리고 누구든지 완전히 새로운 방식으로 세상을 경험하라고 말한다! 조쉬가 우주 만물에 점자 라벨을 붙일 수 있도록 우리 모두 힘을 보태자.
joshuaprojectfoundation.blogspot.kr

3장

협력해야 승리한다

두 사람 이상 힘을 합하면
세상에 긍정적인 변화를 일으킬 수 있다.
여럿이 힘을 모으면
승리는 언제나 우리 편이다.

세상을 조금씩 천천히 바꾼다는 것

렉시 켈리

나는 유치원 다닐 적부터 다른 사람 돕는 일을 즐겼다. 집 앞에 가판대를 세우고 동네 사람들한테 레모네이드나 팔찌, 브라우니를 팔았다. 그렇게 돈을 모아서 지역 자선단체에 기부했다.

그러나 열두 살 생일파티를 치른 다음 날에 내 인생은 커다란 변화를 겪었다. 무시무시한 교통사고를 당한 것이다. 나는 몇 주 동안 학교에 갈 수 없었다. 얼굴을 재건하는 수술까지 받을 정도였다. 그 결과 눈 주위 뼈를 고정시키기 위해 쇳조각을 덧대야 했다.

나는 회복 과정에서 너무도 많은 사랑을 받았다. 헤아릴 수 없을 만큼 많은 사람들이 병문안을 왔다. 손님들이 놓고 간 과자와 카드는 내가 기운을 차리는 데 엄청난 도움이 되었다. 내가 일주일 동안 아무것도 씹지 못할 때는 다양한 셰이크와 음료수가 답지했다. 나는 침대에서 오랜 시간을 보냈는데, 몇몇 아이들은 그런 나를 위해 부드럽고 포근한 담요를 함께 만들어 선물하기도 했다. 나는 책을 읽을 수도 없었다. 그래서 어떤 친구들은 오디오북을 선물했다. 나는 인생에서 가장 힘겨운 이 순간을 주위 사람들의 격려와 도움, 사랑 덕분에 견딜 수 있었다.

나는 주위 사람들의 보살핌을 받으면서 깨달음을 얻었다. 우리 모두가 조금씩이나마 힘을 합하면 세상을 바꿀 수도 있겠구나 싶었다. 폭포수처럼 쏟아지는 애정과 돌봄을 느낀다는 것은 실로 대단한 경험이다. 나는 퇴원한 뒤에도 이런 느낌을 생생히 간직하고 싶었다.

나는 이와 같은 경험을 통해 너무도 커다란 감명을 받았다. 그래서 엄마한테 말했다. 남을 돕는 게 얼마나 강력한 울림을 주는지 아이들이 체험할 수 있도록 모임을 만들면 좋겠다고. 나는 그 모임에 '키즈 헬핑 키즈Kids Helping Kids'라는 이름을 붙였다. 나는 친구 세 명과 함께 첫 번째 나눔 행사를 진행했다. '우리는 하나'라는 이름의 달리기 대회였다. 부모 또는 형제자매를 잃은 아이들을 돕기 위한 행사였다. 행사를 준비하고 실행하는 내내 정말 즐거웠다. 그토록 많은 어린이들이 참가할 줄은 꿈에도 몰랐다! 참가자들은 '키즈 헬핑 키즈'를 열심히 도와야겠다는 느낌을 강하게 받고 돌아갔을 것이다. 또 이날 느낀 긍정적인 분위기를 자기가 사는 동네에 퍼뜨려야겠다는 생각도 들었을 것이다. 우리는 곧장 다음 행사 준비에 들어가야 했다. 그렇게 끊임없이 나눔 행사를 주최한 것이 벌써 40차례나 된다.

우리가 진행한 나눔 행사는 참 다양하다. 각 행사마다 서로 다른 친구가 서로 다른 열정을 쏟아 부었기 때문이다. 추수감사절 빵 굽기 대회도 마찬가지였다. 이번 추수감사절에는 빵을 1천 덩이 넘게 만들어서 모조리 팔아치웠다. 보통 우리 집 부엌에서 빵을 구워 친구들과 친지들, 교회 사람들한

'키즈 헬핑 키즈 코네티컷' 홈페이지
www.KidsHelpingKidsCT.org

테 팔았다. 그런데 올해는 한 대형 마트에서 우리 팀을 초청해 전문적인 제조시설을 활용하여 빵을 굽고 포장까지 할 수 있도록 도와주었다. 덕분에 행사를 준비하는 시간이 예년에 비해 절반밖에 안 걸렸다. 마트 측에서는 빵이 식는 동안 조촐한 피자 파티까지 열어주었다. 우리는 큰 기업이 도와준다는 사실에 너무도 신이 났다. 공동체를 위해 애쓴다는 사실을 인정받은 느낌이었다. 우리는 이날 하루 동안 무려 2만 달러가 넘는 기부금을 마련해서 도움을 필요로 하는 어린이들을 위해 사용할 수 있었다.

우리는 코네티컷 주 스탬퍼드에 있는 노숙인 쉼터에서 분기별로 어린이들을 위한 생일파티를 열기도 했다. 사실 쉼터는 아이들이 생일파티를 하기에 적당하지 않은 곳이다. 그래서 우리는 생일을 맞은 아이들에게 특별한 하루를 선사하기 위해 노력했다. 우리 '키즈 헬핑 키즈' 회원들은 이날을 위해 컵케이크도 만들었다.

'신발 나눔' 행사 때는 곱게 신은 신발을 1만 6,500켤레나 모아서 형편이 어려운 친구들에게 전달했다. 매년 12월이면 쉼터 친구들이 직접 신어보고 가져갈 수 있도록 멋들어진 신발 가게를 실제로 차리기도 했다. 이 가게는 순전히 어린이들이 운영하는 곳이었다! 지난해에는 우리 엄마 덕분에 기부금 500달러를 받아서 양말 500켤레를 살 수 있었다. 우리는 공짜 신발에 양말까지 얹어서 손님들에게 건넸다.

우리의 활동 범위는 미국 바깥까지 미친다. 매년 8월이면 해외 봉사를 하러 니카라과로 떠나기 때문이다. 알리와 니콜은 내 친구이자 열성적인 '키즈 헬핑 키즈' 회원인데 가족이 니카라과에 있다. 둘은 니카라과 어린이들을 돕는 일, 특히 교육 기회를 제공하는 일에 관심이 많다. 우리는 니카라과 어린이에 대한 지원 방법을 찾기 위해 2010년에 열흘 동안 현지를 방문했다. 그 뒤로 특히 나가로테 지역의 어린이들에 초점을 맞추어 봉사활동을 줄곧 펼치고 있다. 우리는 옷이나 치약, 칫솔 등 다양한 생활용품을 많이 가져갔다. 식수 정화시설을 만드는 작업도 거들었다. 아이들과 함께 놀면서 우정을 나누고 수학을 비롯한 여러 과목의 공부를 돕기도 했다. 올해는 태양열 오븐 만드는 법을 알려줄 계획이다!

생활시설에 거주하는 어린이들과 노인들이 니카라과 어린이를 돕기 위해 뜨개질로 모자를 만들어 기부금을 보내왔다. 나눔의 필요성을 널리 알리고 어린이를 위한 기부금을 더 많이 모으기 위해 우리는 '교육에 힘쓰자!' 행사를 열기도 했다. 상품을 걸고 즐겁게 경쟁하는 체육대회였다. 몇 년 전에는 깨끗한 물이 필요한 지구촌 곳곳의 사정을 널리 알리는 행사를 열었다. '우물 파기 운동회'의 경우, 행사를 성공적으로 진행한 덕분에 아프리카 남수단 아이들이 깨끗한 물을 마시고 학교에 갈 수 있는 우물 하나를 팔 수 있었다.

우리는 최근에 '키즈 헬핑 키즈'가 벌이는 사업을 확장하기 위해 홍보대사 방식을 떠올렸다. 그 결과 지금 우리 단체는 어린이 59명이 대변인으로 활동한다. 이 친구들은 각자 학교에 돌아가서 '키즈 헬핑 키즈' 홍보대사로 활약하게 되는데, 우리가 하고 싶은 말을 널리 전하는 동시에 새로운 회원을 모집하는 역할을 맡는다. 이 홍보대사들은 나날이 규모를 키우는 중이다. 덕분에 우리는 더 많은 학교에 더 많은 회원을 거느리면서 더 많은 아이디어를 얻게 되었다! 요즘은 올해로 세 번째를 맞는 '떠다니는 도서관' 행사를 준비하느라 바쁘다. 깨끗한 헌책을 모아서 도서관이 필요한 곳에 보내는 사업이다. 지난 2년여 동안 우리가 모아서 전달한 책이 무려 2만 4,000권에 이른다! 올 한 해만 1만 9,122권이나 모았다!

우리는 새로운 사업을 끊임없이 일구고 계속해서 밀어붙인다. 내가 하고 싶은 말은 이것이다. 어린이는 세상에 어마어마한 영향을 미칠 수 있는 존재다. 우리는 세상을 바꿀 수 있다. 물론 세상은 조금씩 천천히 변할 것이다. 중요한 건 우리가 지금 당장 시작할 수 있다는 사실이다!

열정을 품고 행동에 나서자!

렉시는 '키즈 헬핑 키즈 코네티컷' 설립자다. 여러분도 학교나 동네에서 모임을 만들어 친구 돕기 행사를 얼마든지 벌일 수 있다. 마음이 맞는 친구들과 힘을 합쳐서 다양한 나눔 사업에 동참할 수도 있다. 렉시의 홈페이지에서 더 많은 아이디어를 얻어보자.

www.KidsHelpingKidsCT.org

우정의 승리

대니얼 리블 + 케이틀린 스미스

케이틀린에게.

난 21년이라는 짧은 인생을 살면서 고통도 많았고 또 기쁨도 많았어. 하지만 고통을 기쁨으로 바꾸도록 도와준 친구는 드물었어. 아니, 실은 그런 친구는 너뿐이었어. 난 우리가 나눈 우정을 정말 특별하게 생각해. 난 뇌성마비를 안고 태어난 덕분에 놀림과 왕따를 수없이 당했어. 할 수 있는 일이 아니라 할 수 없는 일이 무엇인지 들으면서 자랐고. 그래서 나한테 속마음을 알아주는 친구가 생길 줄은 꿈에도 몰랐어.

벌써 12년도 더 지난 일이구나. 난 스페셜 올림픽(신체 장애인을 위한 패럴림픽과 달리, 지적 장애인을 위한 스포츠 대회:옮긴이)에 나가기 전까지만 해도 내가 지닌 무한한 잠재력을 미처 깨닫지 못했어. 난 스페셜 올림픽 덕분에 아주 많은 것을 얻었어. 우선 내 목소리를 당당하게 낼 수 있는 용기가 생겼어. 할 줄 아는 것도 많아

졌고, 덕분에 집이라 부를 만한 곳도 마련했지. 하지만 내가 얻은 가장 소중한 것은 우리 둘이 맺은 우정이라고 생각해. 주위에서는 내가 스페셜 올림픽에 나가는 선수라고 칭찬이 자자하지만, 난 그 무엇보다 네 친구라는 사실이 정말 자랑스러워.

넌 나를 장애인으로 보지 않았어. 그저 한 사람의 인간으로 본 거야. 그리고 친구라고 불러주었어. 나랑 함께 울고 웃어줘서 고맙고, 내가 리더십을 키울 수 있게 도와줘서 고마워. 그저 곁에 머무른다고 해서 친구라고 할 수는 없을 거야. 같은 믿음을 지니고 같은 편이 돼서 싸우는 사람만이 친구라고 할 수 있다고 생각해. 힘을 합해 세상을 바꿔나가는 동반자 말이야. 정말 고마워. 넌 나를 다른 사람으로 바꾸었거든.

변치 않는 사랑을 담아서,

대니얼

대니얼에게.

진심으로 말할게. 너를 만나기 전까지 난 누구랑 단짝이 된다는 게 무슨 뜻인지 잘 몰랐어. 난 주위에 좋은 친구들이 아주 많은 편이야. 하지만 그 친구들 틈바구니에서 나 자신을 잃지 않으며 마음이 편하다고 느낀 적은 없었어. 내가 지닌 가능성이 활짝 피어난다는 느낌을 받은 적도 없었고. 하지만 이 모든 게 스페셜 올림픽에 참여하고 너랑 친구가 되면서 순식간에 바뀐 거야. 네가 뇌성마비 장애인으로 살면서 차별에 맞서 싸운 이야기를 들려줄 때 난 삶을 바라보는 시각이 완전히 바뀌었어. 엄청 심각하다고 생각하던 문제들이 다른 관점에서 바라보면 별거 아닐 수도 있다는 사실을 깨달았지. 반대로 내가 대수롭지 않게 여기던 것들이 장애인들에게 무지 어려운 문제가 될 수 있다는 사실도 알았어. 사실 난 부모님의 보살핌을 받으면서 아무 걱정 없이, 어쩌면 이기적으로 살아온 셈이야. 네 덕분에 새롭게 눈뜨기 전까지는 말이야.

난 너를 만날 때마다 더 좋은 사람이 되기로 마음먹곤 해. 스페셜 올림픽이나 학교 수업을 비롯한 여러 가지 도전 속에서 넌 나로 하여금 부족한 부분을 채워 다시 일어서도록 응원하는, 내가 언제든 믿고 의지할 수 있는 친구야. 남과 다르다는 것이 중요한 이유를, 소신을 위해 강인하게 떨쳐 일어나는 것이 중요한 이유를 삶으로 보여줘서 정말 고마워.

영원히 널 사랑하는,

케이틀린

우리 둘에게 2010년 여름은 영원히 잊을 수 없는 계절이었다. 성장의 계절, 새로운 출발의 계절, 아름다운 추억의 계절이었다. 무엇보다 중요한 것은 그해 여름에 우리 두 사람의 인생이 처음으로 교차했다는 사실이다. 스페셜 올림픽 위원회는 2010년도 청년 활동가 대회를 네브래스카주 오마하에서 열었다. 우리는 그곳에서 만났다.

대니얼은 인턴으로, 케이틀린은 친구 캐슬린을 돕는 파트너로 참가한 터였다. 그리고 대니얼이 캐슬린한테 생일 축하한다고 인사하러 왔을 때 얼굴을 처음 익혔다. 그때만 해도 두 사람이 평생을 함께할 친구가 될 거라고는 짐작도 못 했다. 그해가 지나고 케이틀린은 청년 활동가 위원회에 참여하게 되었다. 대니얼은 이미 위원으로 활동하고 있었다. 우리는 워싱턴에서 열린 위원회에서 다시 만났다. 그리고 금세 친해졌다. 너털웃음과 비꼬는 말투, 유머 코드가 똑같았다!

우리는 곧 죽고 못 사는 사이가 되었다. 둘 사이의 우정이 삶의 이유가 되고 말았다. 속마음을 거리낌 없이 터놓는 사이가 된 걸 보면 우린 정말 완벽한 친구다. 잘난 척할 필요도 없고 숨길 것도 없었다. 학교생활부터 인생관까지 무슨 이야기를 해도 마음이 그렇게 편할 수가 없었다.

한번은 둘이서 아주 오랫동안 이야기를 나눈 적이 있다. 아마도 우리 사이를 설명하기에 좋은 사례가 될 것 같다. 스페셜 올림픽 홍보마케팅 회의 참석차 플로리다에 갔을 때의 일인데, 우리는 우정이 삶을 어떻게 바꾸었는지 이야기를 나누다 새벽 1시를 넘기고 말았다. 그토록 오랜 대화 끝에 우리는 깨달았다. 그동안 서로를 선수나 파트너로 여긴 적이 한 번도 없었다는 사실을. 우리에게 그런 이름표는 아무것도 아니었다.

시간이 흐를수록 우리는 둘 사이의 우정이 평범한 우정과 다르다는 사실을, 아주 많이 다르다는 사실을 깨닫게 되었다. 우리 두 사람은 스페셜 올림픽을 통해 원대한 꿈을 이루고 싶은 마음이 같았다. 성격도 비슷하고 세상을 바꾸겠다는 목표 또한 같았다. 우리는 같은 길을 함께 걷고 있었다. 스페셜 올림픽이라는 훌륭한 단체에서 함께 일하며 힘겨울 때나 즐거울 때나 서로 격려하고 응원하면서 보람을 나눌 수 있었다.

우리는 주위 사람들에게 본보기가 되고 싶었다. 스페셜 올림픽은 그런 우리에게 완벽한 기회를 선사했다. 우리가 장애인 권익 증진을 위한 일을 처음 시작할 때만 해도 사실 그런 일을 한다는 자각이 별로 없었다. 우리는 남들이 보기에 아주 평범한 친구 사이, 그 이상도 이하도 아니었다.

처음에는 우리의 우정이 다른 사람한테 미치는 영향을 잘 몰랐다. 스페셜 올림픽 직원들이 언급하기 전까지는 말이다. 그러다가 우리 두 사람의 독특한 우정에 대해 스페셜 올림픽에서 일하는 다른 사람들한테 이야기를 들려달라는 부탁을 받았다. 나중에는 더 많은 청중을 상대로 말하는 자리가 생겼다. 우리는 새로운 사고방식과 새로운 생활방식의 본보기를 제시하는 리더가 된 셈이다. 장애와 비장애를 통합하는 삶을 어떻게 살아가는지 모범을 보이는 사람들이 된 것이다.

우리는 스페셜 올림픽이라는 시공간 속에서 장애와 비장애를 뛰어넘는 우정을 키우며 신념을 행동으로 옮기는 가장 강력한 방법을 발견했다. 사람들 앞에서 큰 소리로 떠들어야만 장애인 권익을 증진할 수 있는 건 아니다. 차라리 처음에는 남들한테 관심 또는 공감을 얻기 어려울지 몰라도 결국에는 놀랍고도 충만한 인생으로 이끄는 삶의 방식을 창조하는 개척자들이야말로 장애인을 진정으로 위하는 사람이다. 우리는 우정이라는 단순한 수단으로 인생을 살아가는 새로운 방식을 개척했다. 다른 친구들도 우리처럼 우정을 통해 새로운 세상을 만끽했으면 좋겠다.

친구를 마음속 깊이 사랑하자!

대니얼과 케이틀린은 스페셜 올림픽에서 활약하는 청년 리더들이다. 두 '절친'은 진정한 우정이 세상을 바꾸는 강력한 힘이 된다는 사실을 몸소 증명했다. 여러분도 친구들을 진심으로 사랑하자. 마음을 열고 새 친구를 받아들이자. 그리고 그런 우정을 바탕으로 어려움에 처한 주위 사람들을 돕자. www.SpecialOlympics.org, www.R-word.org

대니얼과 케이틀린

오 마이 갓? OMG!

카터 라이스 + 올리비아 라이스

우리 남매는 각각 다섯 살, 세 살 때 남아프리카공화국에서 치타를 한 마리씩 입양했다. 아기 치타를 비행기에 태워서 데려왔냐고? 아니, 두 친구 앞으로 꾸준히 기부한다는 뜻이다. 어느 날 우리는 아빠한테 말했다. 동물을 살리기 위해 우리가 애써야 하는 이유가 뭐냐고. 아빠는 우리가 치타 살리기 단체를 돕지 않으면 우리 다음 세대는 야생 치타를 영영 못 만날지 모른다고 하셨다.

우리는 정말 슬펐다. 그리고 화가 났다! 그래서 엄마 아빠한테 말씀드렸다. 먼 미래에 우리 아이들이 치타를 보면서 즐거워할 수 있도록 지금 당장 치타를 구하고 싶다고. 아빠는 우리가 조금 더 크면 멸종 위기에 처한 동물을 살리는 단체를 직접 세울 수 있도록 도와주겠다고 약속하셨다. 하지만 그런 말로는 시원치 않았다. 우리는 지금 당장 단체를 만들고 싶었다. 그때부터 엄마 아빠를 쉬지 않고 졸라대기 시작했다! 그렇게 몇 주가 흘렀다. 엄마 아빠는 마침내 두 손 들고 우리가 비영리단체를 세울 수 있도록 도와주셨다. 우리는 이 단체를 '원 모어 제너레이션One More Generation'이라 부르기로 했다. 우리 OMG의 목표는 멸종 위기 동물이 적어도 한 세대 이상 더 오래 살아남도록 최선을 다하는 것이다. 우리는 어떤 동물이건 지구상에서 자취를 완전히 감추는 일이 없으면 좋겠다고 생각했다. 그래서 동물이란 어떤 존재인지, 멸종 위험에 처하는 이유가 무엇인지, 상황이 자꾸만 악화하는 이유는 무엇인지, 끝내 멸종하고 마는 이유는 또 무엇인지 열심히 공부했다.

'OMG' 홈페이지
www.OneMoreGeneration.org

우리는 동물에 대해 공부하면 할수록 우리가 아는 내용을 다른 사람들도 알면 좋겠다고 느꼈다. 그래서 지금 어떤 일이 벌어지고 있는지, 동물을 구하려면 어떻게 해야 하는지 다른 친구들한테 알리고 싶다고 엄마 아빠한테 말했다. 먼저 학교에 가서 선생님과 친구들에게 동물 살리기에 참여하는 것이 왜 중요한지 설명했다. 교회에 가서 전 교인을 상대로 연설하기도 했다.

그런데 2010년 5월, 그러니까 OMG를 세운 지 7개월쯤 지난 때에 멕시코 만에서 석유 시추선 '딥워터 호라이즌 호'가 폭발하는 사고가 일어났다. 그 결과 엄청난 기름이 바다를 뒤덮었다. 우리는 학교를 마치고 집에 와서 CNN 뉴스를 봤다. 그런데 바다거북과 바닷새 들이 기름을 뒤집어쓴 채 겨우 살아서 뭍으로 올라오는 장면이 나오는 게 아닌가! 우린 그 장면을 아직도 잊지 못한다. 생각할수록 마음 아픈 기억이다.

우리는 저 불쌍한 동물들을 돕는 일에 동참하려면 어떻게 해야 하냐고 부모님께 물었다. 엄마 아빠는 멕시코 만에서 동물 구조활동을 벌이는 단체 네 곳에 전화를 걸어 지원이 절실한 물품을 모아 전달해도 되겠냐고 문의했다. 다행히도 대답은 오케이였다!

우리는 그로부터 넉 달 동안 교회와 학교, 각종 모임을 안 가리고 발로 뛰면서 도움을 호소하고 구호물품을 모았다. 마침내 우리 가족은 올리비아가 여덟 살 되던 생일에 무려 11.5시간을 자동차로 달려서 멕시코 만에 도착했다. 그리고 닷새 동안 머물면서 자원봉사에 나섰다. 우리는 '해양 포유동물과 바다거북 구조센터'에서 나온 멋진 사람들과 함께 일했다. 이들은 우리가 건넨 기부물품을 받아들고 환호성을 질렀다. 우리는 바다거북이 기름을 토하게 하는 법을 배웠다. 바다거북 목구멍으로 마요네즈를 짜 넣으면 이미 삼킨 기름까지 모두 토해낸다는 사실을 어떤 총명한 수의사가 알아낸 것이다. 정말 멋지지 않은가?

자원봉사 마지막 날, 어떤 교수님이 우리 가족한테 와서 정말 열심히 일해줘 고맙다고 하더니 앞으로 환경을 위해 무슨 일을 할 거냐고 물었다. 그 교수님은 기름 유출만 문제가 아니라면서 오히려 플라스틱 오염이 바다 동물들한테는 더 큰 위협이라고 설명했다. 여러분은 해마다 바다 포유동물 10만 마리와 바닷새 100만 마리가 플라스틱 쓰레기를 삼키고 생명을 잃는다는 이야기를 들어본 적이 있는가?

우리 가족은 모두 깜짝 놀랐다! 그래서 집으로 돌아온 날부터 다섯 달 동안 플라스틱 오염 문제에 대해 공부했다. 그리고 선생님들에게 이 문제에 대해 학생들을 가르쳐달라고 부탁했다. 그러기 위해서는 선생님들도 교육을 받아야 했다. 우리는 요즘 매일 45분씩 일주일에 걸친 교육과정을 진행하고 있다.

이는 우리가 동물을 구한다는 목표 아래 다양하게 펼치는 사업 가운데 하나에 불과하다. 우리는 여기서 멈출 생각이 없다. 지난 몇 년 동안 우리는 지구의 미래를 건강하게 지키려면 멸종 위기 동물은 물론이고 모든 동물을 잘 보호해야 한다는 사실을 배웠다.

우리는 여러분이 OMG를 알게 돼서 정말 기쁘다. 아울러 누구라도 세상을 바꿀 수 있다는 사실을 언제나 기억하면 좋겠다. 우리가 할 수 있으면 여러분도 할 수 있다!

시선을 미래로!

카터와 올리비아는 OMG 공동 설립자다. 이들 남매를 본받자. 우리는 오늘만 생각하면 안 된다. 미래 세대를 이롭게 하기 위해 어떤 행동에 나서야 하는지 고민하자. 환경보호나 동물 구하기처럼 구체적인 행동에 나서자. 그러면 여러분의 후손들까지 행복할 것이다. 지금 당장 미래를 내다보자. www.OneMoreGeneration.org

올리비아와 카터

법을 바꿔야 세상이 바뀐다

캐리 샌드스트롬

고등학교 1학년 때였다. 나는 학교 복도를 오가면서 쉴새없이 수다 떨거나 애완용 골드피시를 기르는 것보다 공부를 열심히 해서 좋은 성적을 거두는 편이 낫다고 생각했다. 한마디로 착각이었다. 나는 요즘 그보다 훨씬 더 광범위하고 의미 깊은 목표에 몰두하는 나 자신을 발견하곤 한다. 그것은 바로 나와 같은 10대 청소년들에게 더 안전한 도로를 만드는 일이다.

나는 밤늦게 잘 수밖에 없는 이유에 대해 부모님을 설득하는 데 성공한 날부터 나 자신을 정치인으로 여기며 살아왔다. '파괴적인 결정에 반대하는 학생연합'(줄여서 '학생연합') 노스다코타 주 지부에서 가입 의향이 있는지 물어왔을 때 냉큼 그러겠다고 대답한 이유도 여기에 있다. 학생연합은 순차적 운전면허 제도(몇 년에 걸쳐 단계적으로 운전면허를 부여하는 제도:옮긴이)를 도입하는 법안이 노스다코타 주의회를 통과하도록 밀어붙이는 일을 맡아달라고 했다. 사실 나는 학생연합에 가입할 때만 해도 이 문제에 대해 잘 몰랐다. 하지만 수락했다. 나는 자신 있게 말할 수 있다. 내 인생이 그 순간부터 완전히 바뀌었다고.

학생연합은 교통안전을 대단히 중대한 문제로 여긴다. '음주운전에 반대하는 학생연합'에 뿌리를 둔 단체로서 10대 청소년 교통사고 사망률을 낮추는 데 열성적으로 활동해왔기 때문이다. 이렇게 출범해서 조직이 성장하자 활동 영역을 넓힌 것이 오늘에 이르렀다. 학생연합은 요즘 교통안전과 관련한 여러 가지 사안에 대해 목소리를 내는 일부터 청소년 리더십 역량을 강화하는 프로그램에 이르기까지 다양한 사업을 벌이는 중이다.

내 생각에 노스다코타 주의 교통안전을 강화하는 법률 제정에 참여한다는 것은 청소년이 안전한 세상을 만드는 선한 사업이자 나 자신의 리더십을 강화하는 좋은 기회가 될 것 같았다. 처음에는 지역사회 유지나 전문가, 의원 등과 함께 회의에 참석하는 것 자체가 상당히 거북했다. 하지만 기성세대가 청소년의 관점과 의견을 존중한다는 사실을 금세 알게 되었다. 나는 회의에서 노스다코타 주 청소년들의 대변인 역할을 맡았다. 대단히 막중한 책임감을 느끼면서.

마침내 주의회의 개회가 코앞으로 다가왔다.(주의회는 2년마다 열리는데, 한 번 열리면 정해진 회기 내에만 활동한다.) 우리는 노스다코타 청소년의 교통사고 사망률을 낮추려면 운전면허 제도를 개혁하는 것이 중요하다고 이메일 등 모든 수단을 동원해 호소했다. 이게 전부가 아니었다. 나는 다른 의원들과 함께 운전 중 문자 메시지 보내는 행위를 금지하기 위한 작업도 병행했다. 운전자가 차를 몰면서 문자를 보낸다는 것은 청소년이 교통사고를 당할 확률이 상당히 높아진다는 뜻이기 때문이다.

이렇게 두 가지 법안을 가지고 몇 달 동안 설득 작업을 벌였다. 그리고 마침내 의회가 열렸다. 나는 선서문을 타이핑하고 차림새를 말쑥하게 갖추었다. 그리고 노스다코타 청소년들에게 더욱 안전한 세상을 선사할 권리를 지닌 사람들에게 자기소개를 어떻게 하면 좋을지 연습에 연습을 거듭했다. 하지만 그렇게 준비했는데도 상·하원 합동 교통위원회 위원들 앞에 실제로 나서자 긴장감에 입이 바싹 말랐다. 발언대로 가린 덕분에 안 보여서 다행이지 두 다리가 후들후들 떨리고 손바닥은 땀으로 흥건했다. 말을 더듬다가 망신을 당하면 어쩌나 싶기도 했다. 그런데 내가 발언을 시작하자 내 앞에 앉은 사람들의 반응은 예상과 달랐다. 그들이 내 말에 공감하는 표정을 짓는 게 아닌가! 위원회가 끝나자 많은 사람들이 나한테 다가와서 수고했다고, 잘했다고 칭찬해주었다. 내가 여느 청소년과 달리 의원들의 칭찬을 받은 이유는 단 한 가지, 바로 '내 목소리'를 냈다는 사실이었다.

나는 안절부절못하는 경험을 네 차례나 더 해야 했다. 마지막 증언을 마치고 나서야 내가 할 일을 어느 정도 해냈다는 기분이 들었다. 운전면허 제도개선 위원회 위원들과 상·하원 의원들, 지역사회 인사들이 고생한 끝에 마침내 순차적 운전면허 제도와 운전 중 문자 금지가 법률로 제정되었다. 황홀했다! 나는 법률 서명식에서 한마디 했을 뿐 아니라 주지사가 법률에 서명할 때 바로 옆에 서서 지켜보는 영광을 누리기까지 했다.

나는 법안 통과를 위해 노력하는 과정에서 깨달았다. 세상을 바꾸기 위해서는 수많은 개인들이 노력해야 한다는 사실을. 사람들이 다른 세상이

가능하다는 믿음을 기꺼이 받아들이지 않으면 변화는 일어나지 않는다는 교훈도 얻었다. 하지만 가장 중요한 것은 청소년들의 목소리가 지닌 잠재력을 생생하게 경험했다는 사실이다.

청소년은 대부분의 경우에 무엇이 최선인지 잘 알고 있다. 나는 학생연합 활동을 통해 배운 게 있다. 그것은 바로 어떤 문제와 맞닥뜨리건 간에 해답은 이미 내 안에 있다는 사실이다. 이런 원칙이 현실로 이루어지는 것을 두 눈으로 확인한 것은 진정 일생일대의 경험이었다. 청소년들은 누구나 하고 싶은 말이 있다. 우리는 도로에서 위험에 처할 수도 있고, 또래 친구들과 경쟁하느라 압박감을 느낄 수도 있다. 불행히도 목숨을 잃을 수도 있다. 그러나 반대로 안 그럴 수도 있다. 우리는 현 상황을 억지로 받아들일 필요가 없다. 방관자로 남아서 누군가 대신 나서주기만을 수동적으로 기다릴 필요는 더더구나 없다.

우리 청소년들은 하고 싶은 말이 있고 열정이 있다. 그리고 세상을 바꿀 능력도 있다. 따라서 학교 복도를 좀 뛰어다녀도 좋고, 골드피시를 키우느라 시간을 낭비해도 괜찮다. 그럴 가치가 있다. 왜냐고? 하고 싶은 걸 하면 얻는 게 더 많기 때문이다.

법이란 정말정말 중요하다!

캐리는 학생연합이 '올해의 학생'으로 선정한 인물이다. 캐리가 몸소 증명한 것처럼, 여러분은 누구나 강력한 목소리를 마음속에 지녔다. 법안은 어떻게 준비하는지, 법안을 법률로 확정하려면 어떤 과정을 거치는지 배우도록 하자. 국회나 자치의회 쪽에 물어보고 견학도 가자. 그리고 여러분이 어떤 문제를 중요하게 여기고 그 이유는 무엇인지 등등 자기 의견을 법을 만드는 사람들에게 전달하는 방법을 알아보자. 물론 스스로 국회의원이나 대통령이 되는 꿈을 꾸어도 좋다! 민주사회의 시민이라면 법을 만드는 민주적 절차에 대해 잘 알아야 한다. 청와대나 국회, 행정부 홈페이지를 둘러보자. 캐리와 학생연합이 추진하는 중요한 사업에 대해 자세히 알고 싶으면 이곳을 참고하자. www.SADD.org

평등을 향한 여정

지오반나 과르니에리

나는 아주 어릴 때부터 더 좋은 세상을 만들겠다는 꿈을 꾸면서 자랐다. 의사가 되고도 싶었고 선생님이 되고도 싶었다. 대통령이 되는 꿈도 꾸었다. 도달하기 어려운 목표이기도 하고 사실상 실현 불가능한 꿈일 수도 있지만 그런 건 아무 상관 없었다. 그때 나는 마음만 먹으면 뭐든지 저절로 이루어지는 걸로 생각했으니까. 하지만 성차별이라는 냉혹한 현실을 깨닫기까지는 그리 오랜 시간이 걸리지 않았다. 아직도 많은 사람들이 이 문제의 심각성에 대해 잘 모른다.

여성은 미국 역사상 참정권, 즉 선거에서 투표할 권리를 가장 늦게 획득한 집단이다. 심지어 아직도 지구촌에는 여성을 재산으로 여기는 나라가 존재한다. 여성들은 평등을 얻기 위해 기나긴 투쟁을 벌여왔다. 상당수 여성들은 지금 이 순간에도 평등을 쟁취하려고 싸우는 중이다.

나는 같은 반 남자애들이 걸핏하면 "여자들은 못 해. 왜냐하면, 어쩌고 저쩌고…" 하는 말을 자주 들었다. 이런 말을 들을 때마다 짜증이 났다.

하지만 어릴 때라서 세상이 원래 그런 줄만 알았지 잘못되었다는 생각은 못 했다. 누구나 살면서 좋건 나쁘건 특정한 교육이나 경험과 맞닥뜨린다. 철없는 남자애들이 그런 말을 한다는 것은 집에서건 어디서건 어른들이 하는 말을 들었거나 여성을 차별하는 모습을 봤기 때문이다. 특히 남자애들이 사고방식을 형성하는 데 가장 큰 영향을 미치는 것은 부모의 시각이다. 사람들은 보통 남들이 어떤 처우를 받는지, 어떤 권리를 얻기 위해 얼마나 고통을 당하는지 잘 모른다. 그래서 남들이 겪는 고통을 직접 겪고 나서야 자기가 얼마나 행운아였는지 비로소 깨닫는다.

중학교 시절이었다. 전국 역사퀴즈 대회를 앞두고 여성 참정권에 관해 공부해야 했다. 이 과정에서 여성운동을 향한 열정이 처음 생겼다. 미국 여성들이 권리를 찾기 위해 얼마나 부지런히 노력했는지 알게 되었기 때문이다. 아울러 오늘날까지도 여성 불평등 문제는 완전히 해소되지 않았다는 사실도 새삼 깨달았다. 한마디로 여성의 관점에서 세상을 새롭게 바라보는 사고의 전환점을 맞은 것이다.

나는 새로운 열정을 마음에 품고 '단결하는 여학생School Girls Unite'이라는 단체에 가입했다. 사실 아는 게 별로 없었다. 하지만 뭐라도 할 수 있으면 조금이나마 도움이 되겠지 싶었다. 모임에 처음 나간 날, 나는 미리암 이야기를 요약하는 일을 맡게 되었다. 요약한 내용은 학교 축제 기간에 전시할 계획이었다.

미리암은 아프리카 말리에 사는 열두 살 소녀다. 미리암은 물을 긷기 위해 아침마다 몇 킬로미터를 걸어야 한다. 집에 돌아오면 온갖 허드렛일을 도맡는다. 그러고는 다시 몇 킬로미터를 걸어서 학교에 간다. 방과 후에 집에 오면 할 일이 또 산더미다. 사정이 이렇다 보니 미리암이 학교를 계속 다니는 건 불가능이나 마찬가지다. 또래 여자애들도 마찬가지다. 대부분 결혼이나 출산으로 학창 생활을 일찌감치 끝내고 만다.

미리암 이야기는 '단결하는 여학생'이 주최하거나 참여하는 행사에서 빠짐없이 등장한다. 마음 아프지만, 미리암이 대표적인 표본이기 때문이다. 유사한 풍토나 법제도를 가진 나라에서 태어난 소녀들이라면 대부분 미리암처럼 살아가는 실정이다. 우리 모임은 기부금을 모아서 말리로 보냈다. 여학생 75명을 학교에 보낼 수 있는 금액이었다. 여기에는 딸아이

'단결하는 여학생' 홈페이지
www.SchoolGirlsUnite.org

를 학교에 보내고 결혼을 늦추는 것이 얼마나 좋은 일인지 가족을 교육하는 비용도 들었다.

우리는 여학생들이 학교에 갈 수 있도록 돕는 동시에 여자애들이 당연히 누려야 하는 권리를 사회가 받아들이도록 아프리카 여러 나라와 미국 정부에 압력을 가하는 일도 한다. 실제로 우리 '단결하는 여학생' 지부들은 각 자치단체 담당 공무원에게 서한을 보내서 소녀들의 권리를 되새기는 기념일 제정을 요청했다. 그 결과 메릴랜드 주 하워드 카운티가 '소녀의 날'을 미국 최초로 지정했다. 나아가 메릴랜드 주 정부 역시 2012년 10월 11일에 우리 '단결하는 여학생'이 작성하고 주지사가 서명한 선언문을 공표하면서 '소녀의 날'을 공식 선포했다.

우리는 전 세계 소녀들이 직면하는 특별한 어려움에 날카로운 시선을 던지면서 평등한 인간으로 당연한 권리를 되찾도록 돕는 단체다. 우리는 소녀들이 지금도 지구촌 곳곳에서 불평등에 맞서 싸운다는 사실을 많은 사람들이 알아야 한다고 생각한다. 겉으로는 모두가 평등하다고 떠벌리지만, 자세히 살피면 사실이 아닌 나라가 아주 많다.

중학교를 졸업할 무렵, 나는 '고등학교'에 대해 곰곰이 생각했다. 말리 같은 나라에서 살아가는 수많은 소녀들이 진학할 꿈도 못 꾸는 곳이기 때문이다. 이처럼 슬픈 현실은 나로 하여금 전 세계 소녀들의 권리를 위해 한층 더 노력해야겠다는 각오를 다지게 했다. 그 일환으로 나온 아이디어가 바로 '지구촌 평등퀴즈'라는 게임이다. 이는 TV 게임쇼를 모방한 것으로, 양성 평등에 관한 퀴즈를 맞히면서 이 문제를 함께 생각해보는 방식이다.

우리는 '지구촌 평등퀴즈'를 전국 각지에 있는 중학교와 고등학교에 소개했다. 우리 목표는 퀴즈를 통해 사람들이 생각을 바꾸고 행동을 바꾸는 것이었다. 게임 형식이라면 소녀들의 권리가 무엇인지 재미있게 배울 수 있을 것 같았다. 또 여성이라는 이유만으로 수백만 명에 이르는 소녀들이 차별당하는 실태도 널리 알릴 수 있을 것으로 기대했다.

나는 한 친구와 손잡고 학교에서 두 달 동안 하루도 거르지 않고 '지구촌 평등퀴즈'를 진행했다. 다행히 주위 반응이 좋아서 힘은 들어도 보람을 느낄 수 있었다.

선생님들도 많은 도움을 주었다. 덕분에 나는 학교에 '단결하는 여학생' 지부를 세울 수 있었다. 나 자신이 청소년으로서 세상을 더 아름답게 만드는 사람들과 더불어 행동한다는 사실을 문득 깨달을 때마다 참으로 놀랍다.

물론 이런 일 자체가 별로 쓸모없다고 생각하는 사람도 있을 것이다. 하지만 나는 이런 생각만큼 잘못된 것도 없다고 믿는다. 우리 단체가 세상을 바꿀 것으로 확실히 믿는다. 사실 우리는 이미 세상을 꽤 바꾸었다! 나이가 많건 적건, 어느 나라에 사는 누구건 간에 우리는 세상을 바꿀 수 있다.

세상에 아름다운 변화를 일으키기 위해 우리가 해야 할 일은, 우리 자신을 믿는 것이다. 그리고 공정과 평등과 정의라는 가치를 추구하면서 행동하는 것이다!

우리는 평등하다!

지오반나는 '단결하는 여학생' 지부를 자기 학교에 세웠다. 여러분이 어느 나라에 살건, 어떤 상황에 처했건 간에 사회 구성원으로서 평등한 권리를 지녔다는 사실을 한시도 잊어선 안 된다. 평등이란 인간으로서 당연히 누려야 하는 권리이기 때문이다. 여러분 자신을 위해, 나아가 전 세계 모든 사람들을 위해 평등을 추구하고 권리를 쟁취하자. 더 자세한 내용을 참고하려면 다음 사이트를 살펴보자. www.SchoolGirlsUnite.org, www.YouthActivismProject.org

4장

모험에 나서자

아프리카 대륙의 꼭대기부터 끝없는 밀림을 지나
우리 동네 골목길에 이르기까지
세상을 더 좋은 곳으로 만들고 싶은
우리에게 한계란 없다.

내가 킬리만자로를 오른 이유

타일러 암스트롱

나는 고작 여덟 살 하고도 6개월 되던 때에 아프리카 탄자니아에 있는 킬리만자로 꼭대기에 올랐다. 킬리만자로 정상에 올라선 등반가 중에서 두 번째로 나이 어린 사람이었다.

때는 2012년 7월 여름, 나는 3학년 개학을 앞두고 있었다. 킬리만자로는 높이가 5,895미터에 이르는, 아프리카에서 가장 높은 산이다. 평지에 홀로 우뚝 솟은 산으로는 지구상에서 가장 크다. 아빠랑 내가 정상에 오르는 데 6일, 내려오는 데 2일이 걸렸을 정도다. 지금부터 여러분에게 내가 킬리만자로를 오르내린 이야기를 들려주겠다.

나는 뒤시엔느 근위축증을 앓는 친구를 위해 산을 올랐다. 뒤시엔느 근위축증이란 사내아이만 걸리는 유전병인데 보통 다섯 살에 확진 판정을 받는다. 특히 다리 근육이 급격히 줄어들기 때문에 걷는 게 불가능하다. 나는 이 병에 대한 연구를 위해 지금까지 1만 1,000달러를 모아 기부했다. 열심히 연구하면 언젠가 친구들을 살릴 수 있을 거라고 믿기 때문

타일러 암스트롱의 홈페이지
www.TopWithTyler.com

이다. 또 TV에 여러 번 출연해서 뒤시엔느 근위축증을 많은 사람들한테 알리려고 노력했다.

내가 아빠와 함께 탄자니아에 도착했을 때 거기서도 이 병을 앓는 소년을 만날 수 있었다. 나는 많은 것을 느꼈다. 그 지역 책임자도 만나고 신문 기자들도 만났다. 모두가 행운을 빌어주었다. 우리는 일단 산 아래에 있는 관리사무소로 갔다. 10세 미만 어린이는 입산을 금지한다고 팻말에 안내하고 있었지만, 탄자니아 정부는 특별히 허가를 내주었다. 내가 미국 본토에서 가장 높은 휘트니 산을 등반한 기록이 있었기 때문이다. 우리는 킬리만자로 등반 허가를 받자마자 자동차에 몸을 싣고 등산로 입구로 향했다. 그런데 진흙길이 우리를 처음부터 괴롭혔다. 우리 차는 바퀴가 빠져서 옴짝달싹 못했다. 말문이 막혔다.

우리는 수많은 사람들과 함께 산행을 시작했다. 정말 놀라웠다. 뒤시엔느 근위축증으로 고통받는 친구의 아빠도 있었고, 그 친구의 친구들도 있었다. 우리 아빠 친구도 있었고, 내 친구 아빠도 있었다. 만일의 사태에 대비해 의사 선생님도 함께했다. 우리 일행 9명을 돕기 위해 탄자니아 현지인 25명이 함께했다. 이렇게 많은 사람이 한꺼번에 움직이는 모습은 정말 멋졌다. 가이드 한 명은 나를 보살피는 임무만 맡았다. 가이드 3명이 나머지 일행을 인솔하면서 현지인들이 등산 장비를 나르고 캠프를 구축하는 작업을 진두지휘했다. 나는 이렇게 많은 사람들의 도움을 받는다는 사실만으로도 가슴이 벅찼다.

등반을 시작한 첫날 천둥이 치고 폭우가 쏟아졌다. 흙탕물이 곳곳에 급류를 이루었다. 산비탈은 너무 미끄러워서 오르기 힘들었다. 원숭이들이 눈에 띄었다. 우리는 해가 떨어진 뒤에 진흙투성이로 추위에 떨면서 숙영지에 겨우 도착했다. 아무리 힘들어도 텐트 안에 들어가려면 깨끗이 씻어야 했다. 둘째 날에는 열대우림을 벗어나 높은 지대로 오르기 시작했다. 그러자 이번에는 보슬비가 내렸다. 나는 점심으로 수프를 먹었다. 산등성이를 하나 넘었더니 또 다른 산등성이가 나타났다. 숙영지에 가까울수록 나무는 사라지고 야트막한 덤불만 남았다.

셋째 날부터 다리가 아팠다. 의사 선생님은 내가 열이 조금 난다고 했다. 나는 꾹 참고 주스를 마신 다음 계속해서 걸었다. 한 시간쯤 더 걸었을까. 아빠가 모래밭에 '근위축증을 이기자!'고 썼다. 나는 그걸 보면서 힘을 내자는 응원으로 받아들였다. 병을 이겨내겠다는 희망을 선사하기 위해 킬리만자로 꼭대기에 오르겠다는 첫 마음을 다시 한 번 가슴에 새겼다. 그리고 드디어 숙영지 도착. 탄자니아 요리사가 레몬과 생강을 넣어 만들어준 음료를 마셨다. 내내 더부룩했던 속이 한결 편한 느낌이었다.

넷째 날, 우리 일행은 오전 8시 30분부터 산행을 시작했다. 그렇게 몇 시간을 걷고 나서 숨이 넘어갈 만큼 맛있는 점심을 먹었다. 치킨과 야채 수프였다! 그리고 발걸음을 계속 옮긴 끝에 예전에 높이 올랐던 최고 기록을 새롭게 쓸 수 있었다. 휘트니 산의 높이가 해발 4,421미터인데 우리가 그 높이를 넘어선 것이다. 이날 숙영지에 도착하니 나를 TV에서 봤다고 인사하면서 함께 사진을 찍자고 부탁하는 사람들도 있었다.

다섯째 날에는 절벽을 올라야 했다. 높이가 600미터나 되었다. 우리는 한 시간 반이나 고생한 뒤에야 절벽을 넘어설 수 있었다. 마치 맨손으로 암벽 등반을 하는 것 같았다. 의사 선생님은 절벽 아래로 굴러 떨어지던 짐 가방을 가까스로 붙잡았다.

여섯째 날, 나는 전날보다 600미터 높은 곳까지 올랐다. 그렇게 두 시간 남짓 걷자 절벽이 또 나타났다. 아빠가 나더러 M&M 초콜릿을 먹으면 힘이 날 거라고 말했다. 그날 밤 베이스캠프에 도착해서 닭고기와 감자 요리를 먹었다. 우리는 벌써 4,663미터나 올라왔다! 그곳에는 다른 등반객도 많았다. 킬리만자로를 오르는 여러 등산로가 하나로 합쳐지는 곳이었다.

정상에 오르기로 계획한 날, 우리는 한밤중에 산행을 시작했다. 칠흑같이 어두운 데다 몹시 추웠다. 섭씨 영하 13도였다. 얼마나 추운지 마실

물이 모두 얼어버릴 정도였다. 밤하늘에 그렇게 많은 별이 떠 있는 광경을 난생처음 보았다. 총총 빛나는 별이 수백만 개는 되는 것 같았다.

마침내 킬리만자로 정상에 섰다! 나는 떠오르는 태양을 바라봤다. 그제야 조금 따듯한 기운을 느낄 수 있었다. 사실 킬리만자로는 아주 오래된 화산이다. 나는 분화구를 내려다봤다. 20만 년 전에 용암이 끓어올랐던 구멍이지만 지금은 온통 얼음판이었다. 나는 킬리만자로 꼭대기에 오른 게 너무도 신났다. 그도 그럴 것이, 지금까지 이 산 정상에 오른 사람들 가운데 내가 두 번째로 어리니까!

나는 킬리만자로에 오른 기념으로 정상 표지판 옆에서 사진을 찍었다. 내 친구들이 산꼭대기에 가져가달라고 부탁한 물건들을 손에 들고서 말이다. 뒤시엔느 근위축증이 있는 내 친구 윌은 다치지 말라면서 자기 십자가를 선물로 주었다. 나는 윌의 십자가를 손에 들고 사진을 찍었다. 자기의 일부분이나 다름없는 십자가가 킬리만자로 꼭대기에 올라섰다는 사실을 윌에게 보여주고 싶었다.

나는 산꼭대기에서 아래를 내려다봤다. 커다란 베개처럼 생긴 구름이 둥실둥실 떠다녀서 우스웠다. 그런데 킬리만자로 빙하가 20년 안에 모두 사라질 거라는 이야기를 듣고, 깜짝 놀랐다. 가이드의 말에 따르면, 5년 전까지만 해도 우리가 간밤에 잠을 잔 곳은 온통 빙하 천지였다고 한다. 하지만 내가 마지막 숙영지에 도착해서 목격한 것은 사방에 깔린 살얼음이 전부였고 그나마도 금세 녹아 사라졌다. 이제 킬리만자로 빙하는 점점 더 높은 지대부터 시작한다.

킬리만자로를 내려오는 길은 정말 재미있었다. 자갈이 깔린 비탈을 미끄럼 타듯이 내려왔다. 나는 아주 빠른 속도로 내려왔다. 아빠랑 의사 선생님이 쫓아오지도 못할 정도였다. 짐을 날랐던 현지인들이 성공을 축하하면서 나를 어깨에 태우고 스와힐리어로 노래를 불러주었다. 나를 위해 빵도 만들어 주었다! 나는 뛸 듯이 기뻤다!

산 아래로 내려오자 엄마랑 동생 딜런이 나를 기다리고 있었다. 나는 관리사무소로 가서 방명록에 서명하고 킬리만자로 정상에 올랐음을 확인하는 증명서를 받았다.

나는 뒤시엔느 근위축증 환자인 내 친구들을 위해 킬리만자로 정상에 올랐다는 사실이 정말 뿌듯했다. 게다가 기부금을 1만 1,000달러나 모았다! 나는 더 높이 오를수록 친구들을 위해, 치료법 개발을 위해 더 많은 돈을 모을 수 있다는 교훈을 배웠다. 아울러 내가 산에 오르면 수많은 사람들 역시 내 친구들을 돕는 일에 동참한다는 사실도 알았다. 정상에 오르는 내내 무척 피곤했다. 내 다리가 작동할 생각이 별로 없는 것처럼 느껴질 때도 있었다. 뒤시엔느 근위축증이 있는 어린이들은 과연 심정이 어떨까 싶었다. 다리 근육이 제대로 작동하지 않을 뿐 아니라 해가 갈수록 점점 더 걷는 게 힘든 친구들이기 때문이다.

나는 킬리만자로에 오르면서 기부금을 모으는 게 정말 어려운 일이라는 사실을 실감했다. 그러니 여러분도 누군가 좋은 일을 한다고 하면 기꺼이 도와주기 바란다. 나는 높은 고도에서 고생스럽게 산을 오르면서 포기하지 않고 묵묵히 나아가야 한다는 것을 배웠다. 물론 산 아래로 내려와 일상을 살아갈 때도 마찬가지인 것 같다.

정상을 향하여!

타일러는 등반가이자 근위축증 환자 지원단체 '큐어 뒤시엔느(Cure Duchenne)' 회원이다. 위대한 뜻을 품고 세계 최고봉을 오르는 사람이건, 나날이 일상의 수고로움을 헤쳐 나가는 사람이건 간에 굳은 의지로 목표를 향해 나아간 타일러의 이야기는 좋은 본보기가 될 것이다. 여러분 자신을 위해, 또 다른 사람들을 위해 나눔을 실천하는 그 길에 첫걸음을 내딛자. 다음 웹사이트가 도움이 될 것이다. www.TopWithTyler.com, www.CureDuchenne.org

야생을 살리는 삶

자닌 리카르

어린이들은 동물원에서 사는 게 꿈이다. 원숭이와 나무늘보, 개미핥기 그리고 온갖 야생 조류들과 어울려 하루 종일 놀고 싶기 때문이다. 나 역시 어릴 때 그런 아이였다.

내가 네 살 되던 해, 우리 가족은 미국 코네티컷의 주택단지에서 중앙아메리카 코스타리카에 있는 마누엘안토니오 열대우림지대로 이사했다. 나는 더 이상 자동차나 교통신호판, 겨울이면 수북이 쌓이는 눈송이를 볼 수 없었다. 대신에 뒷마당에서 뛰노는 원숭이들과 1년 중 6개월이나 내리는 빗줄기를 창밖으로 내다봤다. 그랬다. 나는 정글에서 살았다.

우리 동네는 깡촌이었다. 쇼핑센터나 극장은 고사하고 놀이터도 없었다. 심지어 가로등도 없었다. 따라서 나는 예전과 아주 다른 방법으로 재미를 찾아야 했다. 아주 당연한 말이지만, 자연히 밀림과 거기 사는 동물들에 호기심을 느끼게 되었다. 나는 새로 생긴 관심사를 더한층 재미있게 즐기기 위해 관련 서적을 열심히 읽었다. 하지만 해가 갈수록 밀림은 차츰 사라져갔다. 어디를 가나 주위를 무성하게 감싸던 나무들이 확연히 줄어드는 걸 쉽게 알아차릴 정도였다. 어느 순간 마누엘안토니오 열대우림지대는 호텔과 레스토랑이 우후죽순처럼 들어서면서 촌동네였던 예전 모습을 잃어버리고 말았다. 지역 전체가 개발로 몸살을 앓았다. 외지 사람들이 수없이 밀려들었다.

이때가 내 나이 아홉 살 되던 해였다. 나는 가장 친한 친구와 함께 밀림을 살리기 위한 기금을 모으기로 의기투합했다. 그림을 그리고 공예품을 만들어서 팔기 시작했다. 몇 주 동안 열심히 일했더니 80달러가 모였다. 엄마는 수고했다면서 그 액수만큼 얹어주셨다. 그렇게 해서 우리는 160달러를 손에 쥐고 밀림 살리기에 나설 수 있었다.

우리는 코스타리카 북부에 위치한 어떤 단체가 밀림 수천 평방미터를 사들이기 위해 기부금을 모은다는 소식을 들었다. 그래서 우리가 모은 돈을 그 단체에 기부했다. 밀림을 살렸다는 생각에 짜릿한 기분마저 들었다. 그리고 몇 달 뒤, 우리는 그 단체를 방문하러 코스타리카 북부를 향해 길을 나섰다. 그런데 단체 관계자는 어렵게 찾아온 우리한테 미안하지만 우리가 기부한 돈이 어떻게 쓰였는지 잘 모른다고 실토했다. 단체 직원한테 봉급으로 나갔을 수도 있고, 행정 처리 또는 기타 비용으로 쓰였을 수도 있다는 것이다. 우리는 속았다는 느낌이 들었다!

우리는 앞으로 다른 단체에 기부하는 대신에 단체를 직접 세우기로 결심했다. 우리 돈이 어떻게 흘러가는지 항상 파악할 수 있도록 말이다. 우리는 이 원칙을 지금껏 지키고 있다. 우리가 운영하는 비영리단체 '밀림을 구하는 어린이들Kids Saving the Rainforest'은 기부자가 기부금 사용처와 사용 방법까지 세세히 결정할 수 있다. 예를 들어, 우리가 펼치는 야생동물 치료소 건립, 열대림 나무에 기부자 이름 붙이기, 원숭이 돌봄 프로젝트 등 다양한 활동 가운데 기부자가 원하는 하나를 스스로 골라서 기부하는 식이다.

우리는 어쩌면 운명적일 수 있는 방문을 마치고 돌아와서 우리만의 단체를 스스로 만들기 위한 작업에 뛰어들었다. 그런데 단체를 만들고 보니 실제 사업을 벌이려면 더 많은 기부금을 모아야 한다는 사실을 깨달았다. 우리는 마을 친구들의 도움을 받아가며 꿈을 향해 걸음마를 내딛기 시작했다. 이내 홈페이지를 만들어 공개하는 것으로 '밀림을 구하는 어린이들'의 정식 출범을 알릴 수 있었다. 다행히도 오래지 않아 국제적인 명성을 얻게 되었고, 훨씬 더 많은 사람들이 우리 일에 관심을 보이기 시작했다. 행동에 동참하거나 기부금을 보내는 열성 회원들 역시 크게 늘었다.

어엿한 단체로 성장한 덕분에 동물 재활센터나 밀림 복구사업, 자매결연 맺기 등등 다양한 사업을 추진하고 또 여기에 필요한 돈을 기부금으로 충당할 수 있었다. 현재 전 세계에서 회원 5천 명이 우리와 뜻을 함께하고 있다. 덕분에 지금까지 야생동물 500마리를 재활시켜 밀림으로 돌려보내고 코스타리카에 나무 1만 그루를 심을 수 있었다.

여기까지가 코네티컷 주택단지에서 코스타리카 밀림으로, 다시 밀림을 구하는 게 인생 목표로 자리 잡기까지 지나온 과정이다. 그렇게 나는 마트나 극장을 쏘다니는 대신, 원숭이랑 놀거나 나무늘보 새끼를 돌보고 나무를 심는 행복한 사람이 되었다.

야생을 살리면 우리도 산다!

자닌은 '밀림을 구하는 어린이들'의 공동 설립자다. 자연을 진심으로 아끼고 사랑하자. 그러면 뜻밖에 놀라운 결과를 얻을 수 있다. 누가 알겠나. 언젠가 여러분이 머나먼 코스타리카 정글 속을 헤매는 자신을 발견하게 될지! 아울러 어떤 목표를 향해 나아가는 과정이건 간에 신나는 모험을 즐기는 중이라고 바꾸어 생각해보자. 지구의 참모습, 야생의 편에서 자닌과 함께 행동하고 싶다면 홈페이지 구경부터. www.KidsSavingTheRainforest.org

아주 근사한 노숙

피터 라슨

1996년 미네소타 주 웨이자타에 사는 구두 수선공 밥 피셔 씨는 어느 날 지역 비영리단체에 기부할 돈을 모아야겠다고 마음먹었다. 노숙인을 지원하는 '교파 통합 자원봉사단'(줄여서 '봉사단')이라는 단체였다. 그는 매섭게 추운 날 밖에서 잠자는 아이디어를 떠올렸다. 목표에 도달할 때까지 자기 방 아늑한 침대로 돌아가지 않겠다는 계획이었다. 이벤트성 행사로 시작한 일이었다. 그런데 몇 해가 지나면서 일이 점점 커지고 수많은 사람들이 '노숙 나눔'을 함께하게 되었다.

내가 활동하던 어린이 보이스카우트도 여기에 동참했다. 밥 피셔 씨가 우리 모임에 와서 강연한 것이 계기가 되었다. 그는 우리 이웃의 가정이 무너져서 노숙인이 생기는 일이 없도록 노력해야 한다면서, 이런 사업을 벌이기 위해 기부금을 모으고 있다고 설명했다. 형편이 어려운 가정에 실직이나 건강 문제 등 예기치 않은 시련이 닥치면 식구들이 거리에 나앉을 수밖에 없다는 말이 마음에 와 닿았다.

그는 각자 500달러씩 모아서 기부한다면 식구들이 한꺼번에 노숙인으로 전락할지 모르는 가정 한 곳을 도울 수 있다고 말했다. 이 말이 귀청을 때리는 순간, 나는 속으로 외쳤다. '그래, 이거야! 이건 내가 해야 할 일이야. 이웃을 돕는 거야, 내 힘으로!' 나는 그날 밤 잠들기 전에 결심했다. 목표를 세우고, 기부금을 모아서, 노숙인 지원단체에 기부하기로!

나는 그해를 시작으로 4년 동안, 매년 하루를 '밖에서 잠자는 날'로 정하고 실천에 옮겼다. 해가 갈수록 더 많은 기부금을 모을 수 있었다. 교회에서 신자들을 상대로 연설하거나 동네를 돌면서 집집마다 문을 두드리고 기부를 부탁했다. 우리 고장의 노숙인 문제에 대해 설명하면서 '밖에서 잠자는 날'을 위해 기부한다면 위기에 처한 가정을 도울 수 있다고 호소했다. 미니애폴리스 교외에 자리 잡은 중산층 거주지역인데도 수많은 가정이 노숙 위기를 맞을 수 있다는 말에 사람들은 적잖이 놀라는 표정이었다.

5학년이 되자 나는 더 많은 일을 하기로 결심했다. 더 많은 가정을 돕고 싶었기 때문이다. 그래서 밥 피셔 씨가 벌이는 행사에 참여해도 되겠냐고 부모님께 물었다. 부모님은 내 이야기를 처음 들었을 때만 해도 날씨가 너무 추울 때라며 망설였다. 하지만 몇 번 더 설득하자 결국 승낙했다. 나는 밥 피셔 씨의 노숙인 지원운동에 적극 동참하는 의미로 11월 13일부터 12월 24일까지 부모님 도움을 받아 야영을 했다.

나는 아빠랑 동네 가전제품 상점에 가서 냉장고 포장 박스를 얻어왔다. 두툼한 골판지로 만든 그 박스를 뒷마당에 설치하고 안에는 깔개와 침낭, 베개 그리고 자기 전에 책을 읽을 수 있는 랜턴만 넣었다. 나는 6주

동안 매일 밤 차디찬 침낭 속으로 기어들어가 온기를 잃지 않으려고 잔뜩 웅크린 채 잠이 들었다.

겨울철에 야영하면서 가장 힘겨운 때는 한밤중에 박스 밖으로 나와야 하는 경우가 아니었다. 오히려 아침에 일어날 때가 제일 힘들었다. 사실 박스 안에 있으면 따뜻한 편이었다. 하지만 아침에 잠에서 깨어 눈밭을 가로질러 집 안으로 들어가는 그 길이 내겐 너무나 추웠다. 물론 그런 고통을 감내할 만한 가치는 충분했다. 이런 식으로 야영에 들어간 첫해에 무려 2,000달러가 넘는 기부금을 모아서 노숙 위기에 처한 네 가족을 도울 수 있었다.

'봉사단' 직원인 질 퀼러 선생님은 내가 동참한다는 소식을 듣고서 멘토가 되어주었다. 나는 멘토와 함께하면서 집이 없다는 것이 어떤 의미인지 더 많이 이해하게 되었다. 사회복지사들도 만나고, 기부금으로 구입 가능한 주택들도 둘러봤다. 지역 언론이나 교회, 보이스카우트, 초등학교 등을 상대로 노숙 문제의 심각성에 대해 설명하고 이웃을 돕자고 호소했다.

나는 정말 행운아다. 내가 하는 일을 기꺼이 돕는 마음씨 좋은 사람들이 주위에 아주 많았다. 게다가 지역 언론에 인터뷰 기사가 나간 덕분에 미국 전역에서 기부금이 들어오기 시작했다. 중학생 때는 고등학생 누나 둘이 인터뷰를 하자고 부탁했다. 하룻밤 야영도 함께했다. 12월이어서 바깥 날씨가 너무 추운 때였다. 여기가 어딘가? 미네소타 아닌가! 그 누나들은 학교에 가서 같은 반 친구들한테 야영하는 장면을 담은 동영상을 보여주었다. 그리고 일주일 뒤에 1,000달러를 모아서 나한테 건넸다.

인근 초등학교 여러 곳에서도 야영을 통한 나눔에 동참하는 뜻으로 기부금을 보내왔다. 어떤 학교 2학년 학급은 내 이야기를 듣고서 나한테 영웅이라는 호칭을 붙였다고 한다. 그런데 그 반 담임 선생님이 나더러 아이들한테 강연을 해달라고 부탁해서 그러겠다고 대답했다. 강연 날 교실로 찾아갔더니 아이들이 나를 흔들의자에 앉히고 동그랗게 모여 앉자마자 온갖 질문을 퍼붓기 시작했다. 내가 초등학교 1학년 때부터 야영을 시작했다는 말에 다들 놀란 모양이었다. 나는 아이들한테 나이는 중요치 않다고, 너희들도 세상을 바꾸어 다른 사람에게 행복을 선사할 수 있다고 말했다.

보통 자원봉사에 나서면 도움을 받는 사람과 얼굴을 대하기 마련이다. 그런데 나는 고등학생이 될 때까지 내가 도운 사람을 한 번도 못 만났다. 어느 날 질 퀼러 선생님한테서 전화가 왔다. 어떤 가정에서 나를 만나길 원한다는 것이었다. 어머니와 세 딸로 이루어진 가정이었다. 네 식구는 우리 가족과 다를 바가 전혀 없었지만, 도움이 약간 필요한 사정이 있었다. 그 집 어머니는 나 같은 청소년이 기부금을 모았다는 사실을 알고 깜짝 놀랐다면서 고맙다고 했다. 그리고 자신도 언젠가 다른 가정을 돕겠다고 다짐했다. 내가 도운 사람들을 직접 만나서 고맙다는 말을 들으니 뿌듯스럽기 이를 데 없었다.

대학 진학을 앞둔 2011년, 나는 마지막으로 나눔을 위한 야영에 들어갔다. 그때까지 야영한 밤이 340일이 넘었다. 때로는 영하 30도 밑으로 떨어진 날도 있었다. 머리카락이 얼어붙는 건 아닐까 두려운 밤이었다. 하지만 나는 어떤 상황이 닥쳐도 야영을 멈추지 않았다.

그렇게 몇 년을 보낸 결과 기부금을 무려 53만 4,200달러나 모았다. '봉사단'은 그 돈으로 수많은 가정을 돕는 한편 쾌적하고 저렴한 주거시설을 지었다. 우리는 지금도 해마다 '밖에서 잠자는 날' 행사를 벌이는데 참가자가 꾸준히 늘고 있다. 내가 대학에 진학한 뒤로 나 대신에 행사를 주도하는 친구들은 내 모습을 보고 야영을 시작한 두 소녀다. 밥 피셔 씨가 나에게 영감을 준 것처럼, 나 역시 누군가에게 영감을 준 것이다!

신은 우리 모두에게 어떤 식으로든 남을 도우라고 명령을 내렸다. 여러분이 다섯 살이건 쉰 살이건, 중요한 것은 신이 내린 명령을 듣기 위해 자기 마음에 귀를 기울여야 한다는 사실이다. 여러분은 어떤 명령을 받았는지 들리는가?

나눔을 실천하러 집을 나서자!

피터는 노숙인을 지원하는 단체 회원으로서 나눔을 위한 야영 행사를 오랫동안 벌여왔다. 중요한 점은 집 밖에서 텐트를 치고 야영하는 재미있는 활동에 자기만의 아이디어를 보태서 형편이 어려운 이웃을 돕는 나눔 행사로 만들었다는 것이다. 각자 자신에게 묻자. '내가 진정 하고 싶은 일은 무엇일까? 하고 싶은 일을 하면서 동시에 남을 돕는 방법은 또 무엇일까?' 궁금하다면 www.IOCP.org에 들어가 'Sleep Out' 코너를 참고하자.

2006년 야영 중인 피터

대학생이 된 피터

너라면 할 수 있어

탈리아 리먼

2005년 9월, 초강력 허리케인 '카트리나'가 멕시코 만 일대를 강타했다. 나는 곰곰이 생각했다. 때마침 핼러윈을 맞아서 사람들이 마음의 문을 쉽게 열 것 같았다. 나는 이런 분위기를 십분 활용해서 가가호호 돌아다니며 문을 두드리되 사탕 대신 기부금을 받기로 결심했다. 그렇게 돈을 모아서 허리케인 구호단체에 기부하면 좋겠다 싶었다. 열 살 먹은 꼬마가 떠올린 아이디어치곤 상당히 괜찮은 편이었다.

이 계획에 '나눔을 위한 기부금 조르기'라는 이름을 붙였다. 때로는 '잔돈 조르기'가 되기도 하고, 때로는 '돈다발 조르기'가 되기도 했으니 융통성 있는 이름을 붙인 셈이었다. 또 내가 구상한 나눔 사업의 CEO 자리에 나 자신을 임명하기로 결정했다. 여기서 CEO란 최고경영책임자Chief Executive Officer가 아니라 최고긍정책임자Chief Executive Optimist를 뜻한다. 아울러 직함에 걸맞은 모금 목표액으로 100만 달러를 책정했다.

모든 일이 순조롭게 흘러갔다. 나는 '나눔을 위한 기부금 조르기'용으로 커다란 가방을 구한 다음, 집들이 다닥다닥 붙어 있는 골목을 표적으로 정했다. 그러자 당시 여섯 살배기 남동생이 어디선가 내 이야기를 듣고 화가 잔뜩 치민 얼굴로 다가와서 이렇게 말했다. "누나 계획, 난 반대야. 나라면 차라리 악당을 물리치는 대가로 돈을 달라고 하겠어!" 동생은 한 글자도 틀림없이 이렇게 말했다.

나는 어찌할 바를 몰랐다. 전혀 예상치 못한 일이었다. 그래도 어쨌든 동생한테 직함을 만들어줘야 했다. 결국 최고실무담당자Chief Operating Officer가 필요한데도 최고천벌집행자Chief Operating Nemesis를 임명할 수밖에 없었다. 물론 그 자리는 남동생 차지였다. 심지어 남동생이 다스 베이더(영화 〈스타워즈〉 시리즈에 나오는 악당:옮긴이)로 변장한 사진까지 홈페이지에 올려야 했다. 남동생이 가장 사랑하는 캐릭터였기 때문이다. 남동생은 홈페이지에 올라간 자기 사진을 음미하면서 전율을 느끼는 듯했다.

그러던 어느 날, 내 인생을 송두리째 바꿔놓은 사건이 일어났다. 미국 NBC 방송사의 간판 프로그램인 〈투데이쇼〉 담당 피디가 우리 홈페이지에 우연히 들어와서 남동생 사진을 발견하고는 우리 남매를 방송에 초대한 것이다. 우리는 CEO와 CON으로 전국 시청자들 앞에 등장해서 '기부금 조르기' 프로젝트에 대해 설명했다.

다음 날, 나는 미국 전역에서 수많은 아이들이 보내온 기부 약정서를 산더미처럼 쌓아두고 분류 작업을 해야 했다. 전날 방송에서 나눔에 동참해달라고 호소한 결과물이었다. 나는 기부에 동참하겠다고 연락한 아이들이 어디에 사는지 지도 위에 압정으로 표시했다. 일주일 뒤에는 전국에 점포망을 가진 대형마트에서 봉투에 우리 메시지를 인쇄하기로 했다고 전해왔다. 무려 850만 개나 되는 봉투를 13개 주에 위치한 226개 지점에서 나눠준다는 것이었다. 또 주지사는 기자회견을 열었고, 유니세프는 CNN과 국영라디오 등 언론 인터뷰 자리에 나를 초대했다.

우리는 모금활동을 마칠 때가 되어서야 정말 어마어마한 기부금을 모았다는 사실을 깨달았다. 하지만 처음에 내가 세운 목표 100만 달러는 아니었다. 50만 달러도 아니었다. 얼마냐고? 무려 1천만 달러였다! 그렇다. 우리는 허리케인 카트리나 이재민을 위해 1천만 달러나 모았다. 카트리나 피해 복구를 위해 기부금을 전달한 미국의 수많은 기업과 단체 가운데 월마트나 엑손모빌, 아모코 같은 세계적 기업의 뒤를 잇는 규모였다. 어린이가 지닌 나눔의 힘이 얼마나 위대한지 증명한 것이다.

나는 이 모든 과정을 거치면서 우리 한 사람 한 사람이 지닌 대단한 잠재력을 똑똑히 확인할 수 있었다. 설마 이 정도일 줄은 꿈에도 몰랐다. 상상도 못 한 성공이었다. 이런 일이 실제로 일어나다니, 무서운 느낌마저 들었다.

하지만 위대한 성과라는 것이 우연의 결과에 불과하다면? 그래서 우리가 치밀하게 준비한다고 해서 얻을 수 있는 게 아니라면? 그렇다면 위대한 성과란 우리 마음대로 얻을 수 있는 게 아니라는 뜻일까? 정말 그렇다면, 우리는 능력에 비해 훨씬 위대한 일을 해내거나 훨씬 훌륭한 사람이 되려면 어떻게 해야 할까?

솔직히 잘 모르겠다.

하지만 누군가 어린이들의 힘을 하나로 합쳐서 지구촌을 괴롭히는 재앙에 맞서야 한다는 사실만은 분명히 알게 되었다. 그래서 나는 '랜덤 키드Random Kid'라는 단체를 세웠다. '랜덤 키드'는 어린이의 순수한 힘으로 다양한 문제를 실질적으로 해결하는 독특한 비영리단체다. 우리는 어린이가 아이디어를 스스로 실천에 옮길 수 있도록 필요한 모든 수단과 도움을 제공하고자 애쓰고 있다. 정말이다. 허리케인이라는 자연재해를 복구하기 위해 1천만 달러나 모은 우리가 못 할 게 무어란 말인가!

'랜덤 키드' 홈페이지
www.Randomkid.org

오늘날 '랜덤 키드'는 20개국 1,200만 어린이 회원과 함께하는 단체로 성장했다. 아울러 우리는 어린이가 제시하는 나눔 아이디어에 투자하는데, 아이디어 실행 결과 최소 1.5배에서 10배에 이르는 성과가 나오고 있다. 어린이들은 '랜덤 키드'와 손잡고 네 개 국가를 찾아가서 깨끗한 물이 솟는 우물을 팠다. 또 카트리나 피해지역을 비롯한 지구촌 곳곳에 학교를 새로 짓거나 리모델링했다. 풍력을 이용해서 마른땅에 물을 대는 사업도 벌였다.

'랜덤 키드'가 이 모든 사업을 훌륭하게 벌이는 중이지만, 사람들이 나한테 던지는 가장 흔한 질문은 따로 있다.

"단체 이름을 '랜덤 키드'라고 붙인 이유가 무엇입니까?"

사실 대단히 중요한 질문이다. 나는 아주 간단하게 대답한다. 내가 바로 랜덤 키드, 즉 평범한 어린이기 때문이라고. 나는 우리 모두가 지니고 있는 내면의 힘을 한 곳에 쏟아 부으면 위대한 성과를 이루어낼 수 있다고 믿는다.

지금까지 걸어온 여정에서 가장 위대한 메시지를 발견했다면, 그것은 바로 '랜덤 키드'의 성공이 야심찬 카트리나 구호사업이나 최고긍정책임자라는 그럴싸한 직함에서 나온 것은 아니라는 사실이다. 그렇다면 우리의 성공 비결은 어디에 있는 것일까?

짐작하겠지만, '랜덤 키드'의 성공은 다스 베이더 남동생 덕분이다! 본래 목표와 아무 상관 없을 것 같은 바로 그 결정 하나 덕분에 나는 성공할 수 있었다.

우리가 능력에 비해 훨씬 위대한 일을 해내거나 훨씬 훌륭한 사람이 되려면 어떻게 해야 할까? 모든 게 우연이라면 말이다.

내 생각에, 우리가 위대한 성과를 얻고자 한다면 돌발적인 상황을 감안해서 늘 여유와 융통성을 가져야 한다. 예기치 않은 소득이 발생하는 곳으로 슬그머니 옆걸음질을 칠 수 있을 만큼 자유롭고 또 용감해야 한다는 말이다. 이 점이 중요한 이유는 무엇일까? 그것은 바로 삶의 놀라운 기적이란 언제나 예상치 못한 곳에서 일어나기 때문이다.

위대한 성과를 얻으려면 무모할 만큼 뜨거운 열정, 맹목적인 즐거움, 낯선 아이디어, 나와는 너무도 다른 사람들, 계획에 없던 길, 조금은 두려운 꿈, 상상도 못 한 미래가 여러분을 수시로 찾아올 수 있도록 빈자리를 만들어두어야 한다.

여러분이 예상하지 못한 그 무언가를 위해 여유를 갖고 빈자리를 만들어두자. 그러면 거룩한 운명을 따라갈 수 있고, 위대한 생각을 떠올릴 수 있으며, 새로운 힘을 내면에서 발견할 수 있다. 여러분을 높은 곳으로 이끄는 계단과 마주칠 수 있고, 불가능한 꿈을 이룰 수 있으며, 삶을 살아가는 새로운 방법을 찾을 수 있다. 요컨대, 여러분은 일평생 단 한 번도 가능할 거라고 생각한 적 없는, 엄청난 기적과 만날 수 있다.

물론 그렇게 해서 결국에 만나게 되는 기적이란 것이 어떤 내용일지 미리 알 수는 없는 노릇이다. 우리는 말로는 설명하기 어려운 길로, 운명이 이끄는 방향으로 그저 나아갈 뿐이다. 희망을 내려놓지 않는 한 언젠가 기적이 이루어질 것이라 믿으면서.

놀라운 기적이 일어날지 모른다!

탈리아는 '랜덤 키드' 설립자다. 인생은 한 치 앞을 알 수 없는 미로와 같다. 언제 어디서 기적을 만나게 될지 아무도 모른다. 여러분을 기다리는 그 모든 가능성과 수많은 기회를 향해 마음의 문을 활짝 열어두자. 그러면 깜짝 놀랄 일이 벌어질 것이다. 탈리아가 그랬던 것처럼 말이다. www.Randomkid.org

5장

맛있는 시민운동

건강한 먹거리와 생활방식으로
우리 몸과 마음을 살찌우자.
모두 함께 한 걸음씩 나아가자.
건강을 위해, 하나뿐인 지구를 위해!

나는 농장에서 산다

버크 베어

여덟 살 때였다. 어느 날 이른 아침, 엄마가 컴퓨터 앞에 앉아서 이메일을 열어 보고 있었다. 나는 모니터를 훑어보다가 눈길을 잡아끄는 문구 하나를 발견했다. '액상과당에서 수은 검출.' 나는 과학 수업 때 수은에 대해 배웠다. 수은은 자칫 우리 목숨을 앗아갈 수 있는 물질이다!

그런데 궁금했다. 수은과 액상과당을 만드는 옥수수 시럽이 대체 무슨 상관이란 말인가? 알쏭달쏭했다. 사실 액상과당이라는 게 정확히 무엇인지도 잘 몰랐다. 그래서 엄마한테 물어봤다. 엄마는 잠깐 생각하더니 대답했다.

"액상과당? 글쎄다. 소다수에 들었다는 것 말고는 잘 모르겠구나."

나는 깜짝 놀랐다. 그리고 궁금했다. '우리 몸속으로 들어가는 음식인데 그토록 나쁜 물질이 들었다니! 도대체 이유가 뭘까?'

나는 앞으로 소다수를 절대 안 마시겠다고 엄마한테 약속했다! 바로 그 순간이 내 머릿속 전구에 불이 반짝 들어온 순간이 아니었나 싶다. 어떤 사람은 거창하게 신의 계시를 받았다고 말할 수도 있겠지만.

나는 곧장 액상과당에 대한 연구에 돌입하기로 마음먹었다. 사람 목숨을 해칠 수 있는 수은 같은 물질이 그 안에 들어간 이유가 궁금했기 때문이다. 우선 인터넷을 검색해서 관련 정보를 모으기 시작했다. 액상과당 제조과정을 설명한 블로그를 어렵지 않게 찾을 수 있었다. 블로그를 읽어보니 액상과당은 집에서는 만들 수 없는 물질이었다. 원심분리기 같은 산업장비가 필요하기 때문이다.

액상과당에 대해 조사할수록 호기심을 자극하는 여러 가지 화제가 계속해서 나왔다. 유전자 조작 농산물, 살충제, 제초제, 화학비료 등등. 예전에는 들어본 적이 없는 내용이었다. 그래서 모르는 주제가 나올 때마다 공부 범위를 넓혀갔다. 그런데 액상과당보다 훨씬 더 흥미를 일으키는 연구 주제를 발견하고 말았다.

그것은 바로 유전자 조작 농산물Genetically Modified Organism, 줄여서 GMO라고 부르는 것이었다. 나는 GMO를 둘러싼 여러 문제에 대해 집중적으로 공부했다. GMO란 특정 식물이나 동물에서 추출한 유전자를 완전히 다른 종의 식물에 주입해서 특수한 성질을 띠도록 만든 것이다. 예를 들어 토마토의 DNA에는 대서양에서 잡히는 넙치(그렇다! 물고기 말이다!) 유전자를 집어넣는데, 그렇게 하면 토마토가 한겨울 맹추위도 견디면서 잘 자란다고 한다. 물론 자연 상태에서는 절대로 불가능한 일이다. 이렇게 만들어낸 토마토는 어쩌면 '물고기 토마토'라고 부르는 게 맞을지도 모른다. 3류 공상과학 영화에나 나올 법한 이야기 아닌가?!

인간이 GMO를 식탁에 올리기 시작한 것은 1990년대 중반부터다. 그래서 우리는 GMO 섭취가 인체에 어떤 영향을 미치는지 아직도 온전히 파악하지 못한다. 처음에는 GMO를 두고 아무 문제가 없다고 주장하는 목소리가 강했다. 하지만 다른 증거가 속속 나오고 있다. 살충제 DDT도 그렇고, 에이전트오렌지(베트남전쟁 때 미군이 광범위하게 살포한 고엽제 가운데 하나:옮긴이)도 그렇고, 처음에는 사람한테 직접 뿌려도 안전하다고들 했지만 나중에 암을 일으킨다는 사실이 밝혀졌다.

나는 GMO 제조사들의 광고가 거짓이라는 사실을 알고서 오랫동안 속아 왔구나 하는 느낌이 강하게 들었다. 그래서 이들 거대 기업과 싸워 세상을 바꾸겠다고 다짐했다. 그 첫걸음으로 우리 지역 농부들과 유기농 생산자를 도울 수 있는 여러 가지 방법을 찾아내기로 했다. 우선 농부들이 작물을 내다 파는 재래시장이 언제 열리는지 알아봤다. 재래시장에 가서 보니 내가 먹는 농산물을 누가 어떤 식으로 키웠는지 알 수 있었다. 유기농작물을 판매하는 생활협동조합도 찾아갔다. 그렇게 다양한 방법으로 연구와 참여를 이어가다가 한번은 어느 농장에서 일할 기회를 얻었다. 나는 그곳에서 목초를 베고 작물을 심고 물을 주거나 가축을 먹이면서 지냈다.

나는 우리 가족을 위한 건강한 먹거리 문제에 심취했다. 그렇게 1년 반이 지난 어느 날, 엄마가 인터넷에서 뭔가 발견하고 나를 불렀다.

"버크, 이리 와서 이것 좀 보렴!"

광고였는데, 제목은 이랬다.

'청소년 여러분, 멋진 아이디어가 있으면 연락하세요!'

'TEDx 넥스트 제너레이션 애슈빌'이라는 단체가 올린 공지였다. 엄마는 내용을 끝까지 읽고서 나한테 권했다.

"지원서를 보내자. 건강한 먹거리 문제라면 너도 할 말이 꽤 있잖아?"

TEDx에서 강연하고 있는 버크

나는 거대 기업들이 우리를 속인다고, 우리 지역에서 건강하게 키운 농작물을 먹어야 한다고 누구라도 붙잡고 말하고 싶었다. 엄마는 그런 내 마음을 잘 알았다. 하지만 지원서 양식을 보자마자 풀이 죽고 말았다.

"13세에서 19세까지만 받는다잖아요. 난 열한 살이라 안 되겠네요."

그러자 엄마가 의미심장한 미소를 지으며 말했다.

"괜찮아. 무조건 보내고 기다려보는 거야. 혹시 모르잖아?"

나는 엄마 말씀대로 지원서를 보냈다. 일주일 뒤에 이메일로 답신이 왔다. 내가 강연자로 뽑혔다는 내용이었다! 그때 나는 하고 싶은 일이 있다면 나이가 어리다고 지레 겁먹을 필요가 없다는 사실을 깨달았다.

나는 몇 달에 걸쳐서 연설문을 작성했다. 대단히 복잡한 문제를 5분 안에 설명하려니 이만저만 어려운 게 아니었다. 무엇보다 사람들 앞에서 연설하는 게 처음이라 적잖이 긴장도 되었다. 나는 청중에게 유용한 정보를 잘 전달하기 위해 연설문을 통째로 외워야겠다고 결심했다.

마침내 그날이 왔다. 나는 청중 앞에서 내 생각을 당당하게 밝혔다. 강연 제목은 '농작물 생산과정, 무엇이 문제이고 어떻게 바꿀까'였다. 그로부터 한 달쯤 뒤에 내 강연 동영상이 TEDx 홈페이지에 올라왔다. 그리고 불과 몇 시간 뒤, 유튜브에 올린 동영상의 조회 수가 400건을 넘어섰다. 나는 그토록 짧은 시간에 그토록 많은 사람들한테 내 이야기를 전했다는 사실이 너무도 놀라웠다! 조금 지나서 다시 확인하니 조회 수가 어느덧 1,000건을 넘어섰다. 순식간이었다. 그리고 겨우 한 달 만에 조회 수는 10만 건을 돌파했다!

나는 인생 첫 강연을 마친 뒤로 내 의견을 널리 전할 좋은 기회와 경험을 아주 많이 얻을 수 있었다. 정말 행운이었다. 뉴욕과 캘리포니아는 물론 이탈리아까지 국내외 곳곳을 방문하고 다큐멘터리 두 작품에 출연했다. 어린이 독자들을 위해 『버크의 농장: 진짜 음식을 찾아서』라는 책도 썼다. 이 모든 과정에서 내가 가장 중요하게 여긴 것은 내 의견이 날마다 더 많은 사람들에게 전달된다는 점이었다.

내가 첫 번째 강연을 할 수 있었던 것은 세상을 바꾸겠다는 열정 덕분이었다. 아주 먼 훗날, 내가 인생을 마감하는 날까지 불철주야 노력한다 해도 우리가 사는 세상에 이상적인 농산물 생산 시스템이 뿌리를 내리지 못할 수도 있다. 그래도 나는 뿌듯할 것이다. 세상을 조금이나마 더 안전하고 건강한 곳으로 만들었다는 사실만으로도.

나만의 '농장'을 만들자!

버크는 내 고장에서 키운 유기농산물이 대단히 중요하다고 믿는다. 여러분도 버크처럼 가까운 유기농산물 생산지 또는 재래시장을 찾아가도록 하자. 유기농산물을 키우는 농부들에게 부탁해서 일손을 거들어보자. 여러분이 먹는 음식이 어떻게 자라서 식탁에 오르는지 배우다 보면 깜짝 놀랄 일이 많을 것이다. 버크가 여러분이 내딛는 첫걸음을 성심성의껏 도와줄 것이다. www.BirkeOnTheFarm.com, www.TEDxNextGenerationAsheville.com

라이언의 우물

라이언 레작

여러분은 물을 마시기 위해 보통 몇 발짝이나 움직이는가? 내가 사는 캐나다에서 초등학교 1학년이 물을 마시고 싶으면 교실 문을 열고 식수대까지 열 발짝 남짓 걸으면 된다. 1998년 1월, 나는 고작 여섯 살 먹은 꼬맹이였고 세상 모든 아이들의 사정이 나와 다를 게 없을 줄 알았다.

그러던 어느 날, 우리 반 담임선생님이 가르쳐주셨다. 지구촌 여러 나라들에서는 안전하고 쾌적한 주거시설이나 지식을 배우는 학교, 마실 수 있는 깨끗한 물처럼 캐나다 사람이라면 당연하게 여기는 모든 것들이 아직도 턱없이 부족하다는 것이다. 특히 깨끗한 물을 마실 수 없어서 질병에 걸리거나 심지어 목숨을 잃는 사람들도 아주 많다고 했다. 아프리카 같은 곳에서는 매일 몇 시간을 걸어서 물을 떠 오는데 그나마도 더러운 물인 경우가 태반이라는 것이다. 선생님 설명을 듣고 우리 반 아이들은 그런 일로 고통받는 사람들을 돕자는 뜻에서 기부금을 모았다.

그리고 우리 반 아이들 모두가 아프리카 우간다에 있는 앙골로 초등학교의 어느 반 학생들과 펜팔 친구를 맺었다. 나는 지미 아카나라는 아이와 펜팔 친구가 되었다. 아카나는 매일 밤 자정에 깨어 조그만 물통을 들고 8킬로미터를 걸어서 물을 떠 온다고 편지에 적었다. 그것도 초콜릿 색깔에 가까운 더러운 물을! 그렇게 떠 온 물은 음식을 만들거나 빨래할 때 사용한다고 했다.

나는 아카나의 편지를 끝까지 읽고서 큰 충격을 받았다. 화가 치밀 정도였다. 물을 마시는 게 너무도 쉬운 나로서는 아카나와 같은 상황을 상상도 할 수 없었다. 그런데 담임선생님 말씀이, 70달러만 있으면 아프리카에 우물 하나를 팔 수 있다는 게 아닌가. 나는 집에 가서 엄마와 아빠한테 도와달라고 졸라댔다. 며칠 뒤, 부모님은 지구촌 식수 문제를 해결하기 위한 첫걸음으로 우물을 파고 싶다면 내 힘으로 70달러를 만들라고 하셨다. 평소보다 집안일을 더 하면 되지 않겠냐면서.

나는 그날부터 넉 달 동안 집안일을 열심히 거들었고, 그 결과 첫 번째 우물을 팔 수 있는 70달러를 마련했다. 그런데 우간다 같은 나라는 사정이 달라서 우물 하나를 파려면 2,000달러나 필요하다는 사실을 알게 되었다. 나는 자원봉사 모임이나 학교 학생들 앞에서, 아니 내 말에 귀를 기울일 것 같은 곳이라면 어디든지 찾아가서 우간다 앙골로 초등학교에 내 첫 우물을 팔 수 있도록 나눔에 동참해달라고 호소했다. 이 과정에서 초등학교 1학년 꼬맹이는 '라이언의 우물Ryan's Well'이라는 재단을 세우게 되었다.

내가 스무 살이 넘은 지금까지 식수 문제에 열정을 바치고 있다는 건 스스로 생각해도 정말 놀라운 일이다. 나는 얼마 전 캐나다 동부에 위치한 핼리팩스에서 대학을 졸업했다. 전공은 국제 개발과 정치학이다. 나는 여전히 내가 세운 재단의 대변인이자 이사로 활동하며 전 세계 곳곳에서 식수 문제와 시민운동의 중요성에 대해 강연한다.

물은 모든 생명의 원천이다. '라이언의 우물 재단'은 수많은 사람들의 도움을 받으며 안전한 식수와 위생적인 환경을 선사하기 위해 최선을 다하고 있다. 우리는 1998년부터 지금까지 우물 740개와 화장실 990곳을 만들어 78만 9,900명이 깨끗한 생활을 누리도록 도왔다.

나는 초등학교 1학년 꼬맹이에 불과했다. 그런데도 세상을 조금이나마 더 좋은 곳으로 만들었다. 여러분에게 하고 싶은 말은 이것이다. 여러분이 누구인지는 중요치 않다. 나이도, 직업도 상관없다. 어쨌든 여러분은 세상을 바꿀 수 있으니까!

나눔의 우물을 파자!

라이언은 '라이언의 우물 재단' 설립자다. 여러분도 라이언처럼 같은 반 친구들과 함께 나눔 활동을 펼치자. 포스터 그리기 대회를 열어서 식수 문제에 대한 관심을 일으키고 모금운동을 벌여도 좋겠다. '라이언의 우물 재단'이 전 세계 곳곳에 우물을 파서 깨끗한 식수를 선물한 과정을 조금 더 자세히 살펴보는 게 좋겠다.

www.RyansWell.ca

온 세상을 녹색으로

세이바인 테이시어

이 모든 게 음식 때문이다. 가장 기본이 되는, 근본적인 문제라서 그렇다. 우리 학교 식당은 전교생의 밥맛을 앗아가기로 악명이 높았다. 우리는 배가 등에 붙을 만큼 굶주릴지언정 학교 식당만큼은 피하려고 발버둥을 쳤다. 무엇보다 맛이 없어도 너무 없었다. 따라서 먹을 것을 고를 때 맛을 가장 중요하게 여기는 우리로서는 도무지 먹을 수가 없었다. 그런데 우리가 학교 차원에서 식당 개혁을 추진하기로 결정한 데에는 몇 가지 중요한 요인이 더 있었다.

학교 식당이 내놓는 음식은 영양 측면에서 부족하고 환경 측면에서 해로웠다. 조사를 시작하자마자 알게 된 사실 하나는, 학교 식당이 시카고에서 샌프란시스코까지 트럭으로 실어 나른 식자재로 음식을 만들어왔다는 것이다. 한 달에 몇 번씩 먼 길을 오가느라 석유를 어마어마하게 낭비하고 탄소를 무지막지하게 배출하면서 말이다. 나는 고등학교 2학년 때 친구들 몇몇과 모여 앉아서 이 문제를 고민하다가 뭔가 변화가 필요하다는 결론을 내렸다. 우리는 선생님의 도움을 받아서 '프로젝트 런치 클럽'을 만들었다.

나는 이 모임에서 주디 실즈라는 사람을 만났다. 지속가능성을 추구하면서 청소년을 대상으로 생태주의를 교육하는 비영리단체 '녹색 청소년 세상Teens Turning Green'의 설립자였다. 학생들은 학교 식당에서 제공하는 음식을 날이 갈수록 점점 더 외면했다. 우리는 먼저 자동판매기에서 판매하는 간식거리를 문제삼기로 했다. 학생들이 육체가 원하는 영양분 전체를 자동판매기로 해결하는 것처럼 보일 정도로 애용하는 대상이기 때문이다.

주디 씨는 우리의 주례 모임에 참석해서 실천 계획을 세우는 데 필요한 내용을 조언했다. 우리 모임은 학교 식당 감독자와 (물론 부질없는 경우도 많았지만) 여러 차례 상의한 끝에, 학생들이 애용하는 자판기 간식이 건강에 악영향을 미치고 환경적으로도 무책임한 측면에 대해 조사 작업과 해법 마련을 전담하기로 했다. 우리는 먼저 화학조미료가 들어간 제품을 파악해 자판기에서 없앴다. 대신에 캘리포니아 주 소살리토에 위치한 소머솔트 식품회사가 만드는 건강한 제품으로 빈자리를 채웠다. 학교에서 불과 20분 거리에 있는 회사였다.

이런 변화는 아주 중요한 진전이었다. 하지만 나는 더 중요한 일이 남았다는 사실을 잘 알고 있었다. 학교건 지역 사회건 사람들 인생에 커다란 변화를 일으키려면, 먼저 각자가 문제를 인정하고 고치기로 마음을 먹도록 해야 한다. 환경 문제에 대해 지구적 차원의 공감대 형성이 절실한 것처럼 말이다.

나는 '녹색 청소년 세상'이 지향하는 목적에 전적으로 공감했다. 그리고 주디 씨가 딸과 함께 세상에 엄청난 영향을 미친 성공적인 활동에 깊이 감동했다. 그래서 이들과 함께하기로 결심했다. 나는 2학년을 마치고 여름방학이 되자마자 '녹색 청소년 세상' 인턴 직원이 되어 사업 영역이 가장 넓은 '녹색 도전 프로젝트Project Green Challenge' 담당 활동가로 일했다.

'녹색 도전 프로젝트'는 친환경 생활방식을 새롭게 제안하는 프로그램인데, 지구촌 곳곳에서 초보자부터 경험자까지 다양한 사람들을 모아 30일 동안 교육과정을 진행한다. 공정무역과 생태발자국 측정, 전기 절약, 쓰레기 줄이기 등 다양한 친환경 과제를 수행하는 방식이다. 나는 육류 등 농축산품 생산업이 상수도 공급처럼 아무런 관계가 없어 보이는 부문에 엄청난 영향을 미친다는 사실에 대해 배울 수 있었다. 아울러 먹거리 산업 이면에 존재하는 다양한 측면과 함께 즉시 활용 가능한 대안이 무엇인지 살펴봤다.

'녹색 도전 프로젝트'는 미국 내 50개 주는 물론 세계 여러 나라에서 뜨거운 반응을 얻었다. 우리는 전국 곳곳의 고등학교와 대학교를 직접 찾아가서 친환경 생활방식의 필요성을 널리 알렸다. 이 사업에서 내가 맡은 일은 일상을 생태적으로 살아가는 아이디어를 개발하는 업무였다. 나는 생활습관이 환경에 미치는 영향을 재미있게 설명하는 방법과 누구나 손쉽게 실천할 수 있는 행동 요령 등을 개발해서 30일 프로그램 참가자들을 교육했다. 또 환경 친화적 생활방식의 본보기가 될 만한 인물이나 친환경 제품을 조사하기도 했다.

나는 샌프란시스코에서 매년 열리는 녹색 축제에 '녹색 청소년 세상' 대표로 주디 씨와 함께 참가해서 지역사회 삶의 질 향상에 기여한 공로로 상을 받았다. 제16회 청소년 정상회담에서 워크숍을 주관해 중학교 학생들을 대상으로 어떤 먹거리, 어떤 목욕 용품을 선택해야 건강과 환경에 이로운지 가르치기도 했다. 미래의 생태주의자들이 환경 문제에 대해 눈뜰 수 있도록 돕는다는 생각에 무척 뿌듯했다.

고등학교 졸업반 때는 교내에 '청소년 녹색 클럽'을 공동으로 설립했다. '프로젝트 런치 클럽'의 활동 성과를 바탕으로 정식 조직체를 만들어 학교 전체를 '푸르게' 만드는 게 목표였다. 우리는 교실 20곳을 돌면서 '청소년 녹색 클럽' 설명회를 진행했다. 또 환경 문제에 관한 한 학교 대표를 자임하면서 학생들이 동참할 수 있는 다양한 사업을 펼쳤다. 졸업한 중학교에 가서 환경 문제를 연구하는 동아리를 만들자고 연설하기도 했다. 우리 클럽은 학교 식당이 제공하는 음식의 질을 높이기 위한 작업도 계속했다. 아울러 학교에서 쓰이는 여러 물품에 대해 친환경 관점에서 문제를 제기해나갔다. 이에 따라 학교가 오로지 재생용지만 사용하도록 전환해나가는 과정에 참여하게 되었다.

사람들이 익숙한 생활방식만을 고집한다면 변화가 일어나기란 불가능하다. 그러나 우리 모두가 이 세상을 떠난 뒤에도 우리 삶이 어떤 발자국을 남기게 될지 알게 된다면, 올바른 선택을 위해 노력하게 될 것이다. 농산물이나 제품을 선택하는 기준 등 생활방식을 긍정적인 방향으로 바꿀 것이다.

나는 사람들이 생태적으로 살아가도록 돕는 일을 소명으로 여긴다. 그래서 고등학교 시절에 펼쳤던 '청소년 녹색 클럽' 활동을 뉴욕 대학교에 입학한 뒤로는 '녹색 기숙사 운동'으로 이어갔다. 예전에 열정적으로 헌신했던 '녹색 도전 프로젝트'를 떠올리면서 말이다.

나는 우리가 원하는 변화를 일으키는 힘이 우리한테 있다는 사실을 매일 깨닫는다. 나는 환경운동에 내 모든 걸 바치겠다고 결심했다. 환경 문제가 내 마음을 사로잡은 이유는 성별이나 인종, 종교를 뛰어넘는 지구적, 인류사적 중요성 때문이다. 나는 더 많은 사람들로 하여금 자신의 생활방식이 지구에 어떤 영향을 미치는지, 작은 변화가 얼마나 커다란 결과를 낳는지 깨닫도록 노력할 것이다.

내가 사람들에게 환경의 중요성을 널리 알리는 삶을 살게 된 것은 더욱 건강하고 생태적인 세상을 향한 열정, 특히 학교 식당에서 좋은 음식을 먹고 싶은 마음에서 비롯되었다. 나는 우리 몸을 구성하고 생명을 유지하는 모든 것을 건강하게 만드는 과정에서 지구 전체를 건강하고 지속가능하게 만드는 법도 배웠다. 이처럼 거대한 지구적 차원의 문제를 제대로 풀기 위해서는 지역 차원에서 실천을 고민하고 한 사람 한 사람에 대한 희망을 놓지 않아야 한다는 교훈도 얻었다. 나는 다른 사람들과 더불어 세상에 변화를 부르는 삶을 살고 싶다.

우리 학교부터 푸르게!

세이바인은 학교 친구들과 함께 '청소년 녹색 클럽' 등 환경 동아리를 만들었다. 여러분이 학교 식당에서 먹는 음식은 어디에서 온 것일까? 학교 자판기에서 사먹는 간식을 친환경적으로 만들 수는 없을까? 학교에서 사용하는 물품을 친환경 제품으로 바꿀 수는 없을까? 여러분도 학교에서 자신만의 환경운동을 시작해보자. 여러분이 다니는 학교를 환경 친화적으로 바꿀 수 있는 사람은 바로 여러분 자신이다. turninggreen.org

내 동생 알렉스의 레모네이드

패트릭 스캇

나는 너무도 나쁜 상황에서 뭔가 좋은 일이 생기는 까닭을 도무지 알 수 없었다. 그해는 1997년이었다. 나는 겨우 두 살이었다. 여동생 알렉스는 첫 생일도 맞지 못한 채로 신경아세포종 진단을 받았다. 신경아세포종이란 일종의 소아암이다.

나한테 남아 있는 가장 오랜 기억은 이렇다.

다섯 살 때였다. 알렉스는 자기가 치료받던 병원의 소아암 연구에 기부하려고 앞마당에 레모네이드 가판대를 펼쳤다. 식구들도 다 함께 광고판을 만들어서 가판대에 붙였다. 나는 동네 잔칫날인 것처럼 마냥 신이 났다. 소아암이나 기부가 왜 중요한지 그때는 깨닫지 못했기 때문이다. 가판대를 펼친 첫날, 우리는 2,000달러가 넘는 기부금을 모았다.

그로부터 얼마 안 지나 우리 가족은 코네티컷에서 필라델피아로 이사했다. 어린이 전문병원과 가까운 곳에서 살아야 했기 때문이다. 알렉스는 그곳에서도 해마다 레모네이드 가판대를 펼쳤다. 소아암 연구에 기부하기 위한 레모네이드 나눔 행사는 우리 집 전통으로 자리 잡게 되었다.

알렉스는 암과 싸우기 위해 레모네이드를 파는 여자애로 미국 전역에 이름을 알리기 시작했다. 다른 사람들도 각자 자기 동네에서 가판대를 펼치고 기부금을 모아서 알렉스한테 보내왔다. 우리 식구들은 TV에도 몇 차례 출연했다. 〈투데이쇼〉에서는 내가 양동이를 들고 관객석을 돌며 기부금을 걷기도 했다.

〈투데이쇼〉 생방송에 출연할 때만 해도 날아갈 듯한 기분이었다. 하지만 우리는 이내 현실로 돌아와야 했다. 생방송에서 진행자 매트 라우어가 알렉스한테 내년에도 출연할 수 있겠냐고 물었다. 그러자 알렉스가 대답했다.

"그러면 정말 좋겠어요."

하지만 나는 마음 한구석이 꽉 막힌 느낌이 들었다. 알렉스는 전국적인 스타로 떠올랐지만, 나는 내 동생이 겪는 이런 변화를 지켜보는 것이 슬프기도 하고 허탈하기도 했다. 우리가 바라던 일이 실제로 이루어지는 모습을 두 눈으로 확인하는 즐거움도 잠깐이었다. 건강을 점점 잃어가는 동생 모습을 지켜볼 수밖에 없는 고통이 우리를 기다리고 있었다.

그리고 2004년, 7년 넘게 암과 싸웠던 내 동생 알렉스가 세상을 떠났다. 그때 나는 열 살이었다. 세상이 무너지는 심정이었다. 너무도 지독한 슬픔 탓에 언젠가 좋은 날이 찾아올 거라는 생각 따윈 감히 떠올릴 수조차 없었다. 동생의 죽음은 내 마음을 온통 뒤덮었다. 그래서 동생이 생전에 걸어간 발자취를 되짚을 여유가 없었다. 하지만 시간은 여지없이 흘렀고, 슬픔은 서서히 가셨으며, 인생은 어떻게든 계속되었다.

내 동생 알렉스가 꿈꿨던 희망을 이루기 위해 우리는 '알렉스의 레모네이드 가판대 재단Alex's Lemonade Stand Foundation'을 세웠다. '레모네이드 재단'은 소아암 치료법 개발을 위해 지금까지 6,000만 달러가 넘는 기부금을 모았다. 재단은 지금도 내 인생의 상당 부분을 차지한다. 나는 행운아다. 내 동생이 세상에 뿌린 씨앗이 아름다운 꽃으로 피어나는 모습을 똑똑히 지켜봤기 때문이다.

'달콤하고도 쓰라린 위로'라는 말이 가능할까? 나는 동생의 죽음으로 슬픔을 느끼는 동시에 동생이 이룬 엄청난 결과로 기쁨을 느낀다. 삶을 바라보는 내 시각에 결정적인 영향을 미친 대목이다. 나는 이제 슬픔과 기쁨이 공존할 수 있다는 사실을 예전보다 깊이 이해할 수 있다. 아울러 슬픔 대신 기쁨이 삶을 이끌도록 만드는 것은 오로지 내 몫이라는 사실도 잘 알게 되었다. 내가 겪은 최악의 사건과 최선의 결과를 하나로 받아들이는 과정을 통해 나는 지금과 같은 낙천주의자가 되었다. 긍정적인 시각으로 가급적 밝은 면을 보면서 시련을 또 다른 기회로 여기는 사람 말이다.

동생은 세상을 떠나기 얼마 전에 이런 말을 남겼다.

"난 이미 가진 것만으로 행복해. 나한테 없는 것 때문에 불행한 게 아니라."

그 말이 무슨 뜻인지 이제야 이해한다.

레몬을 레모네이드로 만들면!

패트릭은 '레모네이드 재단'을 세운 알렉스 스캇의 오빠다. 알렉스는 아무리 어린 꼬마라도 세상을 바꿀 수 있고 아무리 값싼 레모네이드라도 사람들을 움직일 수 있다는 사실을 몸소 증명했다. 그 결과 수많은 사람들을 감동시켜서 어마어마한 기부금을 모으고 소아암 퇴치에 앞장설 수 있었다. 알렉스 이야기는 희망에 관한 가장 멋진 보고서가 아닐까 싶다. 여러분도 알렉스의 삶을 마음속 깊이 새기면서 나만의 '레모네이드'를 이웃에게 건네도록 하자. 그렇게 해서 돈을 모으면 여러분이 가장 좋아하는 단체에 기부해보자.

www.alexslemonade.org

6장

마음을 열면 세상이 바뀐다

우리가 다른 생각, 다른 행동,
다른 문화를 향해 마음을 활짝 연다면,
세상은 이미 긍정적인 방향으로
한 걸음 나아간 셈이다.

세상을 구하는 축구

카일 와이스

나는 두 발로 일어서자마자 축구공을 차기 시작했다. 나는 축구라는 경기를 정말 사랑한다. 이토록 아름다운 스포츠를 사랑하지 않는 나라는 지구촌 그 어디에도 없다. 처음에는 축구가 내 인생에서 얼마나 큰 역할을 하게 될지 전혀 몰랐다. 축구가 나를 지구 반대편으로 데려가다니, 상상도 못 했다!

2006년이었다. 나는 친형 가렛과 함께 독일 월드컵을 현지에서 관람하는 행운을 누렸다. 우리가 경기장을 찾아간 시합은 이란과 앙골라의 대결이었다. 우리는 경기를 즐기는 틈틈이 바로 옆자리에서 응원하는 앙골라 사람들과 이야기를 나눌 수 있었다. 그들은 앙골라에서 축구란 세상 모든 것을 의미한다고, 한마디로 인생 그 자체라고 했다. 미국에서 축구는 누구나 좋아하는 인기 스포츠이자 하나의 거대한 산업이다. 그러나 아프리카에서 축구는 완전히 다른 의미를 지닌다. 축구란 곧 희망과 치유를 뜻하기 때문이다. 나아가 사람들이 한마음 한뜻으로 거듭나는 기회가 되기 때문이다.

독일에서 월드컵 축구 경기를 보는 와중에 형과 나는 이 사람들을 도울 수 있으면 좋겠다고 생각했다. 미국 캘리포니아 주 댄빌에 있는 우리 집에 가면 근처에서 최고의 축구 시설과 운동 장비를 얼마든지 누릴 수 있다. 하지만 아프리카 아이들한테 시선을 돌려보자. 이 아이들은 하루 벌어 하루 먹고사는 고된 일상과 여차하면 소년병으로 붙잡혀 가는 전쟁, 후천성면역결핍증이나 말라리아 같은 무서운 질병, 만연한 마약과 알코올 등등 처절한 환경 속에서 고통에 찌들어 살아간다. 사실 나는 아프리카 아이들이 겪는 고통이 얼마나 심각한지, 이처럼 상상하기 힘든 처지에서 힘겨워하는 아이들이 대체 얼마나 많은지, 짐작조차 어려웠다. 그저 이런 말도 안 되는 상황에서 힘겨워하는 아이들을 어떻게든 도와야겠다는 생각뿐이었다.

첫걸음을 내딛을 때만 해도 우리는 둘 다 애였다. 당시 나는 열세 살, 형은 열다섯 살에 불과했다. 아프리카가 어떤 곳인지 아는 게 전혀 없었다. 아프리카 사람들이 어떻게 생겼는지도 잘 몰랐다. 캘리포니아에 사는 우리랑 아프리카에 사는 아이들은 머나먼 거리만큼이나 동떨어진 존재인 것 같았다. 한마디로 아프리카는 미지의 세계였다. 먼저 우리는 구상한 내용을 친구들한테 이야기했다. 사실 처음엔 축구화나 축구공을 아프리카 어린이들에게 선물할까 싶었다. 축구를 하려면 꼭 필요한 물건들이니까. 그런데 한 친구가 이렇게 물었다.

"그나저나 거기에 축구장은 있는 거야?"

우리는 이 말을 듣자마자 무릎을 탁 쳤다. 아프리카를 위해 우리가 할 일은 이거다 싶었다. 무릇 세상에 엄청난 영향을 미치고 커다란 변화를 일으킨 사회운동은 아주 단순한 질문 하나에서 시작하는 법이다. '희망의 축구장FUNDaFIELD'이라는 단체도 바로 그 질문 하나로 태어난 셈이다. 우리는 축구장을 만들기로 결정했다.

'희망의 축구장' 홈페이지
www.FUNDaFIELD.org

남아프리카공화국의 시골 마을에 축구장 두 개를 처음 만든 때가 2008년이었다. 그곳에서 사업을 시작한 이유는 우리의 멘토이자 '생각의 힘'이라는 단체를 이끄는 사울 갈릭 씨가 현지에서 상당한 규모로 학교 두 곳을 운영하는데 마침 운동장이 없었기 때문이다. 우리는 2008년에

코카콜라 후원으로 첫 대회를 열었다. 후원 덕분에 참가 학생 전원에게 운동복을 나눠줄 수 있었다. 그런데 믿을 수 없는 광경을 목격했다. 첫 시합을 구경하러 수천 명이 몰려들었는데, 경기 내내 춤을 추며 즐거워하는 게 아닌가. 마을 사람들은 축구대회가 처음 열린 그날을 지금도 이야기한다.

우리는 아프리카에 축구장을 만들 때 가급적 학교 운동장을 겸하도록 한다. 아이들이 학교에 남아서 계속 뛰어놀 수 있기 때문이다. 축구장은 젊은 친구들이 한마음으로 뭉치게 해주는 가장 좋은 공간이다. 한번은 어느 학교를 찾아갔는데 한 학생이 이렇게 말했다.

"아시다시피 우간다는 몇 년에 걸친 전쟁으로 갈가리 찢긴 나라예요. 그래서 사람에 대한 믿음을 완전히 잃고 말았죠."

우리는 우간다에서 사람이 사람을 믿게 되는 한 가지 방법은 너나없이 축구장에 모여서 한 팀을 이루고 뛰어다니는 것이라고 생각했다. 그러면 산산이 무너진 공동체를 하나로 묶는 데 도움이 될 것 같았다. 우간다 책임자인 세캄와 이삭 무가비 씨는 이렇게 설명했다.

"축구가 기적을 일으키는 건 규칙이 단순하기 때문이에요. 규칙이 단순하니까 누구나 참여할 수 있죠. 많은 돈이 들어갈 이유도 없고요. 일단 킥오프 휘슬만 울리면, 인종이나 정파로 갈려서 상대를 미워하는 마음이 눈 녹듯이 사라진답니다."

정말 마음에 쏙 드는 말이 아닐 수 없다. 사실 그런 변화를 두 눈으로 생생하게 지켜본다는 것은 매우 놀라운 일이었다. 축구장과 축구공과 팀워크로 인해 사람들이 서로에 대해 응어리진 마음을 풀고 모두가 행복한 미래를 목표로 더불어 나아갈 수 있다니, 얼마나 놀라운 일인가!

우리는 지금도 아프리카 곳곳에 축구장을 만들고 있다. 더 많은 축구장을 건설하기 위해 기부금을 모으는데, 여기에 동참하는 어린이만 30명이 넘는다. '희망의 축구장'은 사업 책임자부터 실무 관리자, 자원봉사자에 이르기까지 모든 자리가 젊은이들로 북적대는 곳이다. '희망의 축구장'은 여러 팀으로 나뉘는데, 한 팀당 1년에 두 차례 모금 행사를 벌인다. 물론 담당 팀이 독립적으로 행사를 주관한다. 그렇게 해서 우리는 지금까지 20만 달러를 모았다.

우리가 아프리카에 존재하는 모든 문제를 해결할 수는 없다. 그러고 싶은 마음이 간절하지만 불가능하다. 그래서 우리는 식량, 의약품, 주거, 교육 등 다양한 목표로 활동하는 여러 단체들과 협력해서 일한다. 이런 단체들이 해당 지역에 기본적인 생활 체계를 구축하고 학교를 세우면, 그 다음엔 우리가 나서서 운동장을 만들고 시설과 장비를 갖추어 축구를 신나게 즐길 수 있도록 돕는 것이다. 우리가 선사한 운동장이 질병과 배고픔, 가난 등 고통에 신음하는 아이들에게 작지만 소중한 위안이 될 거라고 믿는다.

축구는 신뢰, 팀워크, 소통, 원칙, 존중, 공정한 경쟁 등 인생을 헤쳐나가는 데 매우 중요한 가치를 일깨워준다. 아이들은 축구장 안에서 배운 교훈을 축구장 밖에서 실천하며 살아갈 것이다. 나를 비롯한 우리 '희망의 축구장' 사람들 역시 이런 모습을 지켜보면서 나날이 새롭게 살아가는 동기와 활력소를 얻는다.

운동장을 만들면 사람들이 모인다!

카일은 '희망의 축구장'을 공동으로 설립했다. 여러분도 카일처럼 스포츠에 대한 사랑을 나눔의 열정으로 승화시키면 지구 반대편 친구들이 마음껏 뛰어놀 수 있는 운동장을 만들 수 있다. 너무 거창하다고? 그러면 가까운 운동장에 가서 쓰레기를 줍거나 잡초를 뽑으며 차분히 계획을 세워보자. www.FUNDaFIELD.org, www.ThinkImpact.com

어려서 시작하고 평생토록 배우자

카르바잘리노 자매

부모님은 우리 세 자매가 태어날 때부터 '인생 코치' 역할을 맡으셨다. 우리가 자기 사업을 일구는 기업가로 자라기까지 수많은 가능성과 잠재력을 탐구하도록 이끌어주셨다. 우리 자매가 각각 여덟 살, 일곱 살, 여섯 살일 때 부모님은 우리만의 사업을 시작해보라고 말씀하셨다. 우리는 그러겠다고 했다. 재미있을 것 같았다. 하지만 무슨 사업을 어떻게 해야 할지 막막했다. 손에 쥔 거라곤 단돈 15달러가 전부였기 때문이다. 우리는 고민 끝에 남미 콜롬비아의 고향 마을에서 초콜릿 판매업을 벌이기로 결정했다. 이름 하여 '초코카Chococar' 사업이었다.

초콜릿을 손수 만들어 학교나 회사, 상점 등지를 자동차로 돌면서 판매하는 사업이었는데, 우리는 열심히 일한 덕분에 꽤 큰 돈을 만질 수 있었다. 하지만 초코카 사업의 진정한 목적은 돈을 버는 게 아니었다. 초코카는 한마디로 교육을 위한 사업이었다. 인생을 배우는 게 주목적이었다. 우리는 사업을 준비하면서 역할을 분담했다. 카렌이 대표를, 다니엘라가 사업 기획을, 스테파니가 판매를 담당하기로 했다.

우리는 초코카 사업을 통해 인생을 바꾸는 중요한 소득을 몇 가지 얻었다. 첫째, 어린 나이에 인생이라는 실전에 뛰어들어서 책임감을 키울 수 있었다. 멋진 인생을 살기 위한 정말 중요한 덕목이라고 생각한다. 둘째, 가족과 더불어 일하며 조화와 존중을 배운 덕분에 영원토록 변치 않을 자매애를 얻었다. 끝으로 가장 중요한 점은, 수많은 사람들로 하여금 꿈과 목표를 포기하게 만드는 걸림돌, 바로 두려움과 수줍음을 극복했다는 사실이다.

초코카 사업을 시작한 지 1년이 되어가던 어느 날, 대학교수 한 분이 강의 시간에 경험담을 들려달라고 부탁을 해왔다. 덕분에 우리 셋은 난생처음으로 학생들 앞에 서서 강연을 하게 되었다. 학생들이 어린 나이를 극복하고 자신만의 재능과 아이디어를 활용해서 사업을 벌이도록 용기를 북돋는 일! 우리 세 자매 적성에 딱 맞는 일이었다.

우리는 이름난 심리상담가인 아버지 덕분에 청중을 상대로 기업가 정신이란 무엇인지 설득력 있게 풀어주는 방법에 대해 자세히 배울 수 있었다. 우리는 초코카 출범 1주년을 기념해서 그동안 배운 내용을 총망라하는 강연회를 정식으로 열기로 했다. 콜롬비아에서 우리 인생 최초의 강연회를 열었는데, 제목은 '무일푼으로 사업에 뛰어들기'였다. 첫 번째 강연을 마치고 나서 바로 이것이 우리가 평생 하고 싶은 일임을 깨달았다. 그래서 강연을 직업으로 삼게 되었다.

우리는 나이를 더 많이 먹고 기업 활동과 인간 심리에 대해 더 많이 공부한 결과, 더 좋은 강연을 할 수 있었다. 새로운 사업도 시작했다. 어린이와 청소년이 실제로 사업에 뛰어들어 자신감과 기업가 정신을 키우도록 단련하는 교육 사업이었다. 우리는 지금까지 콜롬비아와 파나마, 미국에 위치한 대학 20여 곳에서 강연했다. 또 무수한 고등학교와 기업, 각종 토론과 회의를 찾아가 경험담을 들려주었다. 우리는 젊은이들에게 돈을 버는 행동의 가치를 전하는 것이 참 즐겁다. 그래서 강의할 때마다 끝없이 열변을 토하나 보다.

카르바잘리노 자매의 홈페이지
www.PadresyCoaches.com

2007년 무렵에는 우리 생각을 전 세계에 널리 전할 수 있는 방법이 뭘까 고민하기 시작했다. 그런 고민은 『부모는 곧 코치다』라는 책으로 열매를 맺었다. 우리는 이 책을 쓰면서 부모님 도움을 많이 받았다. 덕분에 부모가 자녀를 성공으로 이끄는 다양하고도 생생한 방법을 자세히 설명할 수 있었다. 우리 책에는 자녀들이 돈의 중요성과 의미, 관리법을 일찌감치 깨닫도록 이끌어줄 수 있는 실용적인 가이드가 많다. 무엇보다 우리가 책을 통해 전하고 싶은 메시지는 가족이 서로 깊이 사랑하고 단단히 힘을 합치는 게 성공의 전제조건이라는 점이다. 사람이 기업가로 성공하는 데 가장 중요한 요소는 가족이다. 이는 우리가 체험으로 깨달은 진실이다. 우리 세 자매의 사업과 활동이 추구하는 가장 중요한 목표 역시 가족 구성원들끼리 더 깊이 소통하고 좋은 관계를 유지하도록 돕는 데 있다.

우리 세 자매는 사업과 강연을 지금껏 이어오면서 평생토록 간직할 소중한 교훈을 수없이 배웠다. 사람들 앞에서 말하는 방법처럼 간단한 일부터 사업을 벌이고 인간관계를 조율하는 복잡한 일까지, 배운 내용도 각양각색이다. 인생을 살아가는 데 큰 도움이 될 교훈들이다. 우리는 초코카 사업을 시작한 이래 한순간도 행복하지 않은 때가 없었다. 그래서 우리는 우리가 자랑스럽다.

이 모든 게 부모님이 이끌어주신 덕분이다. 진심으로 감사드린다. 가장 큰 바람이라면, 우리한테 도움이 된 삶의 방식이 다른 사람들에게도 도움이 되면 좋겠다는 것이다. 가치관을 분명하게 세우고 현명하게 실천하는 법을 배운 사람이라면, 세상을 지금보다 훨씬 더 살기 좋은 곳으로 바꿀 수 있을 거라고 믿는다.

기업가가 되자!

카렌과 다니엘라, 스테파니는 동기부여 강사이자 청년 기업가다. 여러분도 이들처럼 기업가 정신을 키우자. 돈 버는 법을 배우자. 남들을 이롭게 하고 즐겁게 하는 물건이나 서비스를 팔아보자. 평생토록 간직할 귀한 가르침을 얻을 것이다. www.PadresyCoaches.com

스테파니, 다니엘라, 카렌(왼쪽부터)

고기는 어디서 나는가?

마리아마 타이파 세이투

우리가 즐겨 먹는 고기, 어디서 어떻게 만드는 걸까? 이 질문이 나를 혼란스럽게 만든 건 내 나이 열네 살 때였다. 마음이 불편한 질문, 정답이 헷갈리는 질문이었다. 단 한 번도 나 자신에게 던진 적이 없는 질문, 따라서 단 한 번도 해답을 찾으려고 애쓴 적이 없는 질문. 어느덧 나는 대학생이 되어 뉴욕에 위치한 새라로렌스 대학에서 농업개발학을 전공하고 있다. 나는 고기가 어디서 오는지 궁금증에 푹 빠졌던 그때 그 시절을 떠올리면 뿌듯한 느낌이 든다. 나이는 어렸어도, 우리 농축산업이 올바른 방향으로 나아가도록 애쓰면서 살겠다고 결심한 시절이기 때문이다.

워싱턴DC에서 고등학교를 다니던 내내, 나는 공장식 축산농장의 문제점을 많은 사람들에게 알리려고 꾸준히 노력했다. 사실 이 문제에 대해 관심을 갖는 사람은 지금도 별로 없다. 하지만 공장식 축산농장은 결국 인류 사회에 쓰라린 대가를 요구할 것이고 환경 파괴로 이어질 것이다. 한마디로 공장식 축산농장은 동물 복지에 대한 중대한 침해인 동시에 인류 건강을 향한 심각한 위협이다.

간단하게 말해서, 공장식 축산농장이란 이익을 목적으로 육류를 생산하는 산업이라고 할 수 있다. 관련 업자들은 아무도 육류 산업의 민낯을 볼 수 없도록 대중과 멀찌감치 거리를 두려고 애쓴다. 하지만 우리는 실상을 정확히 파악해야 한다. 나는 모든 생명은 자유롭게 살아갈 권리가 있으며, 그 권리는 누구도 빼앗을 수 없다고 확신한다. 그래서 이와 같은 윤리적 이유와 건강상 이유를 고려해 채식주의자가 되기로 결심했다.

나는 감사하게도 건강을 잘 챙기는 집안 분위기에서 자랐다. 그러다가 고등학교에 입학해서 우리 시대 육류 생산업에 관한 글을 읽고 미국을 포함한 전 세계 육류 생산의 현실을 알게 되었다. 그 뒤로 오늘날 농축산업 이면에 존재하는 정치적 역학관계, 인류 사회에 끼친 식량 정책의 해악을 깊이 살피기 시작했다.

나는 칠면조 고기를 끊었다. 해산물도 안 먹는다. 채식주의자이기 때문이다. 하나뿐인 지구와 내 건강, 공장식 축산농장 동물들을 위해 윤리적인 결정을 내린 나 자신이 너무도 자랑스럽다. 그러나 이 정도로는 충분치 않다. 나는 우리 농축산업이 위기를 맞았다는 사실을, 국가 차원에서 기업형 농산업을 더 이상 지원하지 않으면 건강과 환경을 살릴 수 있다는 사실을 세상 모든 사람에게 알려야 한다고 생각한다. 미국 정부의 농축산업 관리정책을 내 힘으로 바꿀 수 없다는 건 잘 안다. 하지만 나는 최소한 우리 동네만큼은 바꿀 수 있다고 믿는다.

내가 다닌 고등학교는 3학년이 되면 졸업 과제로 논쟁이 예상되는 민감한 주제를 골라서 조사, 발표해야 한다. 나는 졸업 과제로 공장식 축산

농장에서 생산한 육류를 소비하는 행동이 환경과 건강에 어떤 영향을 미치는지 조사하기로 했다. 나는 조사 결과를 정리하면서 육류 섭취가 야기하는 질병, 환경 파괴, 오염된 육류 제품이 증가하는 현상을 공장식 축산 농장 탓으로 돌렸다. 이런 내용으로 발표를 시작하자마자 반대하는 목소리가 곳곳에서 터져 나왔다. 학생들은 말도 안 되는 소리 그만두라는 표정이었다. 문제를 파헤쳐서 진실과 대면하기보다 문제 자체를 아예 외면하는 편이 훨씬 낫다고 여기는 것 같았다.

졸업 과제를 수행하려면 조사 내용을 구체적인 결과물, 즉 논문으로 정리해서 제출해야 한다. 나는 논문에 담고 싶은 내용이 아주 많았다. (약간 위험한 발상이지만) 버지니아 주에서 가동 중인 축산농장을 조사하고 싶었고, 같은 반 친구들이 한 달 동안 채식주의를 실천하는 프로그램도 운영하고 싶었다. 하지만 무리였다. 오랜 궁리 끝에 '무료 시식회'를 열기로 했다. 이용자가 채식을 선택할 여지가 없는, 어쩌면 동물 학대의 소산이라 여길 수도 있는 지역 무상 급식소 앞에서 채식주의 식품과 안내 책자를 공짜로 나눠줄 생각이었다. 안전한 음식과 지속 가능한 농축산업을 증진하기 위해 시식회를 개최하면, 졸업 과제를 통해 주장하고 싶은 내용을 훨씬 더 광범위하고 명료하게 전할 수 있고, 논문도 훨씬 풍부한 내용을 담을 수 있을 거라고 생각했다.

나는 최선을 다해 졸업 과제를 수행했다. 시식회를 제대로 준비하기 위해 '자비로운 도살Compassion Over Killing'이라는 동물복지 단체가 주최하는 행사에 자원봉사자로 참가하기도 했다. 칠면조 고기 대신 두부를 넣은 맛 좋은 샌드위치도 팔아달라는 취지로 유명 체인점 '서브웨이' 앞에서 진행한 시식회였다. 나는 COK 행사에 참여하는 내내 기분이 아주 좋았다. 내가 시식회를 주최할 때 어떻게 진행하면 좋을지 아이디어를 많이 얻었기 때문이다.

'자비로운 도살'(COK) 홈페이지
www.COK.net

그러던 어느 날, 동물을 학대하는 걸로 알려진 패스트푸드 업체들을 조사하다가 가장 심각한 업체 한 곳을 발견했다. 그 업체는 공장식 축산 농장을 운영하면서 동물복지 프로그램 도입을 거부하는 몇 안 되는 업체들 가운데 하나였다.

그런데 그 업체의 지점이 우리 동네에서 성업 중이었다. 정의감이 불타올랐다. 급식소 대신 악덕 패스트푸드점 앞에서 시식회를 열기로 마음을 바꾸었다. 우리 동네 주민들을 위해 내가 앞장서야 한다고 생각했기 때문이다. 2014년 12월 4일, 마침내 시식회를 열었다. 나는 표적으로 삼은 패스트푸드점 출입문 앞에 서서 손수 만든 두부튀김과 채식주의 첫걸음 세트 등을 행인들에게 나눠줬다. 패스트푸드 업체들이 축산농장 동물을 비인간적으로 학대하는 것을 널리 알리고 건강한 식습관을 홍보하는 취지라고 설명하면서. 시식회는 성공적이었다. COK 행사에 자원봉사자로 참여해서 시식회를 어떻게 준비하고 어떻게 실행하는지 꼼꼼히 배워둔 덕분이었다.

나는 내 의견을 미디어에 실어서 널리 퍼뜨려야 한다고 생각했다. 비윤리적인 패스트푸드 업체를 상대로 승리하려면 필요한 전술이었다. 그래서 신문사 기자에게 연락했고 기사를 써달라고 간청했다. 결국 내 이야기가 워싱턴DC 지역판에 특집기사로 실렸다. 그러자 해당 패스트푸드 업체가 특집기사에 대해 공식 해명을 내놓는 게 아닌가. 나는 이렇게까지 직접적인 반응이 나올 줄은 예상치 못했다. 아무튼 나를 다룬 기사는 이슈가 되어 그 뒤로 몇 주 동안 신문사 홈페이지에서 주요 뉴스로 오르내렸고, 논쟁이 뜨겁게 이어진 결과 댓글이 전 세계에서 날아들었다.

지속 가능한 식량 정책에 대한 내 작은 관심과 행동이 이 정도로 뜨거운 반응을 일으킬 거라고는 꿈에도 몰랐다. 얼마 뒤에는 볼티모어에서 열린 생태주의 페스티벌에 특별 연사로 초청받기도 했다. 나는 그 자리에서 졸업 과제가 어떤 내용인지, 지속 가능한 유기농업이 모두에게 이로운 까닭이 무엇인지 당당하게 설명했다.

내가 사는 마을에서 주민의 한 사람으로 변화에 앞장서는 것처럼 멋진 일이 또 있을까? 특히 청년이 행동에 나서는 것만큼 변화를 확실히 약속하는 것도 없다. 나는 오늘날 농축산업의 문제를 해결하는 일에 헌신하는 동안 내가 받은 그 모든 성원에 대해 진심으로 고맙게 생각한다. 마을을 바꾸려면 젊은이들부터 생각을 바꾸어야 한다. 나는 사람들이 더 많이 알면 알수록 더 많이 행동에 나선다고 믿는다. 나는 청년 활동가의 한 사람으로서 언제나 자신을 겸허하게 성찰하고 나 자신의 행동이 어떤 의미를 갖는지 의식하면서 살려고 노력한다. 그러려면 나 자신을 언제나 점검하면서 스스로 윤리에 어긋나는 행동을 하는 건 아닌지 살펴야 한다.

소비자가 공장식 축산농장의 실태에 대해 눈을 뜬다면 건강에 훨씬 이로우면서도 인간미가 넘치는 훌륭한 결정을 내릴 것이다. 농축산 업체들의 감언이설에 속아 넘어가는 일도 더 이상 없을 것이다. 동물을 죽이는 것은 분명 폭력적인 착취 행위다. 우리 사회의 도덕 수준이 높아진 만큼 이제는 공장식 축산농장에서 생산하는 육류를 소비하는 것이 잘못이라는 사실을 모두가 받아들이면 좋겠다.

질문을 던지고 해답을 찾자!

마리아마는 동물보호 활동가다. 마리아마가 이 활동에 뛰어든 것은 아주 간단하지만 대단히 중요한 질문 때문이었다. 여러분은 자신을 둘러싼 세상에 대해 무엇을 질문하고 싶은가? 어떤 질문도 좋다. 질문을 던져라. 그러면 해답을 얻는 과정에서 놀라운 변화를 경험할 것이다! 여러분이 매일 먹는 고기가 어디서 어떻게 나는지 궁금하다면 다음 사이트를 방문하자. www.COK.net, www.DCVegFest.com

7장

사람들에게 권리를

사람들은 누구나 세상을 바꿀 능력이 있다.
용기를 내라고, 힘을 내라고 응원하자.
모두가 행복하고 건강하고 멋진 삶을 살도록.

불이야!

댈러스 제스업

내가 '불이야!Just Yell Fire'라는 단체를 세운 건 고등학교 1학년 때였다. 여자애들을 노린 납치 살인 사건이 잇따라 터지면서 마음이 한참 뒤숭숭하던 시절이었다. 어느 날 TV 뉴스로 그런 소식을 듣던 중에 결심했다. 영화를 만들기로. 제목도 정했다. '불이야!'라고. 나이 어린 여성들이 어떤 위험을 겪을 수 있는지, 다급한 상황에서 목숨을 지키려면 어떻게 해야 하는지 가르쳐야 한다고 생각했기 때문이다.

내가 만든 영화와 단체에 똑같이 '불이야!'라고 이름 붙인 이유가 있다. 여러분이 곤경에 처해서 "도와주세요!" 하고 외칠 경우, 사람들은 장난치는 거라고 여기는 경향이 있다. 아이들이 걸핏하면 그렇게 소리치면서 망아지처럼 뛰어다니기 때문이다. 그래서 사람들은 무시하려 든다. 어쩌면 자동차 경적 소리처럼 여길지도 모른다. 그럼 "누가 저를 잡아가요!" 하고 외친다면 어떨까? 사람들은 그런 일이라면 말려들고 싶은 마음이 없다. 당사자끼리 해결할 문제로 여기고 함부로 끼어들 생각을 않는 게 보통이다. 하지만 여러분이 "불이야!" 하고 소리 지른다면 어떨까? 사람들의 주의를 단번에 휘어잡을 수 있다. 자신을 안전하게 지키려는 본능과 호기심이 즉각 작동하기 때문이다. 사람들은 불이 어디서 났는지 자기 눈으로 확인하려 드는 게 보통이다.

여러분을 공격하려는 자가 원치 않는 것은 목격자의 등장 또는 사람들의 주목이다. "불이야!" 하고 외치는 것이야말로 사람들의 주목을 가장 많이 받을 수 있는 행동이며, 때로는 그렇게 외치는 것만으로 상대를 물리칠 수도 있다. "불이야!" 하고 외쳐야 하는 더 중요한 이유가 있다. 보통 어떤 사람이 공격을 당할 경우 모든 것이 너무도 순식간에 벌어지기 때문에 본능은 얼어붙고 머릿속은 새하얗게 변하고 만다. 하지만 "불이야!" 하고 소리쳐야 한다는 생각만 떠올릴 수 있으면 상황이 달라진다. 상대방을 향해 방아쇠를 당기듯이 커다란 목소리로 "불이야!" 하고 외치자. 목숨을 구할 수 있는 효과적인 수단이 될 것이다. 이것이 바로 내가 영화 제목과 단체 명칭으로 '불이야!'를 택한 까닭이다. 혹시 모를 위험에서 벗어날 수 있도록 여러분을 돕겠다는 뜻이다.

우리가 이런 취지로 영화를 만든다는 소문이 나면서 전문 인력과 100명이 넘는 엑스트라가 자원봉사자로 제작에 동참했다. 심지어 인기 드라마 〈로스트〉에 출연 중인 조쉬 할로웨이와 에반젤린 릴리 같은 영화배우들까지 재능기부로 함께하겠다고 나섰다. 영화는 입소문을 탔고, 전 세계적으로 성공을 거두었다. 그 덕분에 우리는 '불이야!'라는 비영리 단체를 세울 수 있었다. 초중고와 대학교, 보호소, 경찰서 등을 대상으로 개인의 안전을 지키는 방법을 체계적으로 널리 알리기 위해서였다. 언론에서도 우리 이야기를 대대적으로 전했다. 우리는 얼마 안 지나서 65개국에 지부를 두게 되었다.

고등학교를 졸업하고 대학교에 입학하면서 후속편을 만들면 좋겠다는 생각이 떠올랐다. 이름하여 '불이야!—대학생활편'. 대학에 입학해서 난생 처음으로 부모님 곁을 멀리 떠난 여학생들의 경우, 학업에 대한 준비는 어느 정도 되어 있지만 일상생활에 대한 준비는 터무니없이 부족하다. 나는 이런 사실을 대학에 입학한 지 얼마 안 지나서 확실히 깨달았다. 바로 내가 그랬기 때문이다. 새내기 여대생들은 〈가십 걸〉 같은 드라마처럼 아무런 위험이나 어려움이 없는 캠퍼스를 상상한다. 하지만 현실은 다르다. 3명 가운데 1명은 데이트 폭력을 경험하고 4명 가운데 1명은 육체적인 폭력을 당한다. 하지만 자기 자신을 보호할 권리가 있다는 사실을 자각하는 사람은 무척 드물다. 그런 권리를 보호하는 수단까지 챙겨둔 사람은 더더욱 드물다.

무려 160만 명이 넘는 나이 어린 여성들이 영화 〈불이야!〉를 다운로드했다. 또 수많은 시청자들이 영화를 통해 배운 덕분에 폭력과 학대로부터 벗어날 수 있었다고 응답했다. 이로써 우리는 여자애들이 여자애들을 위해 만든 온라인 영화가 사회에 엄청난 충격을 던졌다는 사실을 알게 되었다. 아울러 학교 강연을 위해 전국 곳곳을 돌면서 여학생들이 부모님이나 선생님이 하는 말은 안 들어도 또래 친구가 하는 말에는 귀를 기울인다는 사실도 알게 되었다.

이것이 후속편을 만들어야 하는 이유였다. 후속편 만들기는 내 인생에서 가장 즐거운 작업이었다. 나는 작가로서 현실에 일어날 법한 이야기를 대본에 담아야 했다. 여대생들 눈높이에 맞추어 우리 메시지를 전하기 위해 그럴듯하고 생생한 상황을 창조해야 했다. 러닝타임도 한 시간을 넘지 않도록 신경 썼다. 부담감이 심했다. 메시지 자체의 중요성도 그렇지만, 후속편이 잘 나와야 전 세계 수백만 명의 나이 어린 여성들과 다시 한 번 손잡고 더 나은 세상을 향해 계속 나아갈 수 있다는 책임감을 느끼면서 일했다.

나는 수업을 마치고 밤늦도록, 아니면 강연하러 오가는 동안 썼다 지웠다 반복하면서 꼬박 1년을 쏟아 부어 대본을 완성했다. 다음으로 대본을 가지고 〈불이야!—대학생활편〉을 찍으려면 무엇이 필요한지 따질 차례가 되었다. 가장 커다란 문제는 영화 제작에 필요한 돈이 거의 없다는 사실이었다. 그러나 연기 경험이 풍부한 배우들이 기꺼이 참여하겠다고 나서는 행운에 이어, 배우를 캐스팅하는 전문가의 도움까지 받는 겹경사가 우리를 찾아왔다. 전편을 만든 제작사와 감독도 다시 한 번 우리와 손을 잡았다. 그 뒤로는 촬영 장소와 의상, 각종 장비, 교통수단은 물론 법적인 문제 해결과 스태프를 위한 식사 준비까지 처리해야 하는 수많은 일들이 끊임없이, 때로는 거대한 파도처럼 한꺼번에 우리를 덮쳤다. 속편을 찍는다는 소문이 나자 12명도 넘는 연예계 스타와 스포츠 스타가 카메오로 출연하겠다고 연락을 해왔다.

그런 식으로 헤아릴 수 없이 오랜 시간이 흐르고 나서야 우리는 〈불이야!—대학생활편〉을 무료 콘텐츠로 인터넷에 올리고 미국 전역과 지구촌 곳곳에 있는 대학을 상대로 홍보 작업을 시작할 수 있었다. 내가 가입한 친목단체 '알파 오미크론 파이'도 우리와 손잡고 160개 지부를 가동해서 힘을 보탰다.

〈불이야!〉는 이제 '여자애들이 일으킨 혁명'으로 불린다. 이 모든 것은 뛰어난 동료들과 훌륭하게 협력하고 첨단 기술을 십분 활용한 덕분이다. 그 결과 간단한 아이디어 하나가 엄청난 힘을 발휘할 수 있었다. 여기서 말하는 간단한 아이디어란, '부모님이나 경찰관이 언제 어디나 함께할 수 없으므로 젊은 여성들이 험한 세상을 자기 힘으로 헤치고 나아갈 수 있도록 도와야겠다는 발상'이다. 우리는 자신의 권리를 자각하는 동시에 한 시간 정도 호신술을 배우기만 하면 몸집이 아무리 자그마한 여성이라도 힘세고 덩치 큰 가해자로부터 달아날 수 있는 짧지만 충분한 시간을 벌 수 있다는 사실을 알게 되었다. 나부터 태권도 유단자가 되었다. 심지어 필리핀 격투기 2급 강사 자격까지 갖추었다.

태권도나 호신술 연마를 원하는 소녀들이 생각보다 무척 많았다. 그런데 이들은 호신술 몇 가지를 한 시간 남짓 배우기만 해도 거의 모든 상황에서 벗어날 수 있다는 사실을 알자마자 하나같이 깜짝 놀란다. 제 아무리 힘센 거구라도 눈 찌르기나 사타구니 가격, 물어뜯기 등으로 공격하면 몇 초 동안 꼼짝 못하게 만들 수 있다. 이런 기술을 익히지 않으면 가해자로부터 풀려나거나 달아날 기회가 생길 수 없다. 우리는 이렇게 조언한다. "가만히 당하지 말고 맞서 싸워라!" 물론 스스로 위험에서 벗어난 다음엔 젖 먹던 힘까지 다해서 달아나야 한다.

나의 가장 큰 고민은 이 세상에 가해자가 너무나 많다는 사실이다. 미국 한 나라에서 성범죄자로 등록된 사람만 56만 8,000명이나 된다. 전국 어디든 성범죄자가 존재한다는 뜻이다. 내가 진심으로 강조하고 싶은 말은 바로 이것이다. 나는 소녀들이 성범죄자들과 어울려 살아가는 것을 겁내지 않았으면 좋겠다. 이런 사실을 똑똑히 파악하고 확실히 대처하기 바란다.

나는 우리 비영리 단체를 대표해서 30만 킬로미터가 넘는 거리를 이동하는 동안, 청중에게서 시민운동에 참여하는 가장 좋은 방법이 무엇이냐는 질문을 수없이 받았다. 대답은 간단했다.

"여러분이 진정 해결하고 싶은 문제를 찾아라. 그리고 행동에 나서라."

사실 이 말을 실천하는 것은 무척 수고로운 일이다. 하지만 그럴 가치가 충분하다. 여러분이 어떤 문제가 해결되기를 절실히 원할 때, 그 문제를 스스로 해결하기 위해 씨름할 때, 여러분은 자기 능력의 최대치를 끌어낼 수 있다. 여러분을 화나게 만드는 바로 그 문제가 무엇인지 찾아내라. 그리고 바꿔나가라. 커다란 문제, 지구 차원의 문제가 아니어도 상관없다. 그런 문제는 여러분이 사는 동네, 여러분이 다니는 학교에서 일어나는 게 보통이다.

지금 당장 행동에 나서자. 우리 모두는 문제를 해결하기 위해 자기 자신을 완전히 내던지기에 참으로 좋은 때다. 젊기 때문이다. 어른들을 옭아매는 책임으로부터 어느 정도 자유롭기 때문이다. 우리에겐 힘이 있고 시간이 있다. 필요한 것은 행동뿐이다. 우리가 모두 함께 행동에 나서면 세상을 얼마든지 바꿀 수 있다!

저명한 문화인류학자 마거릿 미드는 이렇게 말했다.

"사려 깊고 헌신성이 높은 시민들이라면 몇 명만 힘을 모아도 세상을 바꿀 수 있다. 의심할 여지가 없는 사실이다. 실제로 세상은 이런 사람들이 바꾸어왔다."

나만의 혁명을 시작하자!

댈러스는 '불이야!' 설립자다. 젊은 여성들의 지킴이로 헌신적인 활동을 펼치고 있다. 댈러스가 말한 것처럼, 지금은 여러분도 행동에 나설 때다. 자기 마음에 귀를 기울이자. 어떤 생각이 떠올라 심장이 뛴다면 곧바로 실천하자. 학교를, 동네를, 나아가 세상을 더 좋은 곳으로 바꿔나가자. 그러면 여러분도 혁명을 시작하는 셈이다!
www.JustYellFire.com

양성평등은 여성들만의 몫이 아니다

이사벨라 겔펀드

심장이 얼마나 쿵쾅거리는지 박수 소리가 조금도 안 들릴 지경이었다. 나는 손에 땀을 쥔 채로 연단에 올라섰다. 그러자 박수 소리가 잦아들었다. 내가 하는 말에 귀 기울일 준비가 됐다는 뜻이었다. 나는 그 연회장에 연사로 초대받은 페미니스트 가운데 나이가 가장 어린 사람이었다. 고작 열네 살이었으니까. 청중을 향해 서자 다리가 후들거렸다. 그 자리는 미국 여성주의 재단이 주최하고 국정방송 C-SPAN이 워싱턴DC에서 전국으로 중계하는 '여성, 돈, 권력' 포럼이었다. 나는 속으로 끊임없이 되뇌었다. '대체 내가 여기서 뭐 하는 거지?'

중학교에 입학한 지 며칠 안 된 어느 날이었다. 엄마가 동아리 목록을 내게 건넸다. 지금도 그때가 생생히 기억난다. 나는 목록을 죽 훑어보다가 어느 순간 시선이 멈추고 말았다. '걸스 런 인터내셔널Girls Learn International'이 눈에 띄었기 때문이다. 줄여서 GLI로 부르는 이 단체는 소녀들이 교육을 통해 가난을 딛고 일어서도록 돕는 곳이다. 마침 우리 학교

GLI 지부는 아프가니스탄에 있는 학교와 교류활동을 벌이는 중이었다. 호기심이 일었다. 우리 동네가 아닌, 바다 건너 머나먼 세상을 경험할 수 있다니!

'걸스 런 인터내셔널' 홈페이지
www.GirlsLearn.org

우리 학교와 협력사업을 진행하는 압둘라 빈 오마르 중학교는 탈레반이 다스리는 지역에 위치했다. 여성은 교육을 받을 필요가 없다는 게 탈레반의 방침이었다. 나는 그 학교 학생들과 의사소통하면서 그 친구들이 학교에서 공부하는 걸 얼마나 소중하게 생각하는지 알게 되었다. 그곳의

한 여학생이 우리 학교로 부친 편지에 이렇게 썼다.

"난 우리 민족에게 도움이 되는 사람이 되고 싶어. 학교에 가려면 아주 먼 길을 걸어야 해. 하지만 꿈을 이룰 수 있다는 생각에 언제나 즐거운 마음으로 발걸음을 옮겨."

지구촌 곳곳에서 활동 중인 GLI 지부들은 인권을 무엇보다 중시하면서 인권 침해에 강력히 맞서고 있다. 양성 불평등으로 인해 수많은 소녀들이 교육받을 권리를 부인당하고 성차별적 폭력에 노출되는 실정이다. 나는 인류의 미래를 위한 가장 좋은 투자는 침묵을 강요받고 권리를 박탈당한 소녀들이 잠재력을 발휘하도록 돕는 것이라고 확신한다. 소녀가 교육을 받아서 능력을 키우면 자기 인생을 주체적으로 살게 되고, 나아가 빈곤의 악순환도 끊을 수 있을 것이다.

나는 학교에서 열린 워크숍을 통해, 탈레반이 소녀들의 일상을 억압하는 수많은 법률을 만들었다는 사실을 알게 되었다. 이런 법률 가운데 하나라도 어기면 공공장소에서 매질을 당하거나 심지어 총살을 당할 수 있다. 돌에 맞아 죽거나 사지를 절단당할 수도 있다. 워크숍에 뒤이은 체험 행사에서 참가자들은 키세스 초콜릿을 10개씩 받았다. 초콜릿은 1개마다 깔깔거리며 웃기, 사람들 앞에서 얼굴을 드러내기, 학교나 직장에 다니기, 병원에서 진찰받기 등등 자유로운 행동을 한 가지씩 뜻한다. 우리는 그날 하루 동안 탈레반 법률을 위반하는 행동을 할 때마다 초콜릿을 1개씩 빼앗겨야 했다. 초콜릿을 잃을 때마다 우리는 기본적인 권리 하나를 상실하는 셈이었다. 만약 실제로 탈레반한테 걸리면 목숨을 잃을 수도 있는 행동들이다. 우리는 탈레반이 강요하는 여러 법률 가운데 절반

가까이 위반할 즈음 초콜릿 10개가 모두 바닥나고 말았다. 이와 같은 압박의 사슬 속에서 살아간다는 건 나로선 상상도 하기 힘든 일이었다. 내가 중학교를 다니는 내내 우리 단체는 매년 연말에 1,000달러씩 기부금을 모아서 아프가니스탄 자매 학교에 보냈다. 그곳 친구들이 밝은 미래를 맞이하길 기원하면서.

나는 중학교 3학년 때 우리 학교 CLI 지부장으로 선출되었다. 또 뉴욕 청소년 회의의 구성원이 되었다. 유엔 여성지위위원회Commission on the Status of Women에 참석하는 GLI 학생 대표단에 뽑히기도 했다. CSW는 각국 대표자들이 모여서 여성 관련 이슈를 토론하고 정책을 만들어내는 곳이다. 나는 지구촌 각지에서 모인 친구들과 함께 '2012 소녀들의 선언' 초안을 작성했는데, 특히 농촌 지역 소녀들이 일상적으로 직면하는 가슴 아픈 현실을 집중적으로 부각했다.

CSW에 참가한 것은 내 인생에서 가장 놀라운 경험이었다. 나는 중산층 집안에서 자랐고, 주로 백인이 거주하는 우리 동네를 벗어난 적이 별로 없었다. 나이 어린 여성을 향한 끔찍한 폭력에 노출된 적도 없었다. 그런데 CSW에 참가하자 GLI에서 공부한 여러 가지 문제가 내 앞에 구체적인 현실로 갑자기 나타났다. 거기서 나는 믿을 수 없을 만큼 용감한 소녀들을 많이 만났다. 남아프리카공화국에서 온 탄도라는 소녀는 줄루족 출신인데 자기네 마을에서는 아직도 일부다처제가 일반적이라는 충격적인 이야기를 들려주었다. 자기 할아버지는 주위 사람들한테 손녀딸을 가르치느라 돈을 쓰는 것은 낭비라는 이야기를 듣는다고 했다.

우간다에서 온 아가사는 자기네 마을에서 낙태는 사형을 당할 수 있는 중죄라고 했다. 소녀 수천 명이 성노예로 사고팔리는데, 그런 일이 미국에서도 일어난다는 사실을 알게 되었다. 토론자 한 사람은 인신매매범들이 협박과 구타, 마약 투여 등으로 소녀들을 세뇌해서 마음대로 부려먹는 수법에 대해 설명했다. 더 이상 팔아넘길 수 없는 소녀는 그대로 내버린다고 했다. 나는 이런 이야기를 들으며 마음이 아파서 아무 말도 할 수 없었다. 특히 내가 사는 미국에서도 소녀들이 아름다운 시절과 미래를 도둑맞고 영혼에 깊은 상처를 입는 이야기를 들을 때면 분노가 치밀었다.

나는 이런 경험을 통해 사랑을 듬뿍 받으며 안전하게 자랄 수 있는 가정에 태어난 게 정말 행운이라는 생각이 들었다. 그렇다. 행운이다. 만약 운이 나빠서 다른 곳에 태어났다면 어린 나이에 결혼을 하거나 성노예로 팔려갔을지 모른다. 여성을 차별하고 착취 대상으로 삼는 사회에서 태어난 소녀들은 아무 잘못도 없는데 주어진 환경 때문에 고통을 받게 되는 것이다.

CSW에 참가하면서 감동을 받은 것은, 힘겨운 삶을 살아온 여성들이 자신을 희생자로 여기지 않는다는 사실이었다. 그들은 자기 목소리를 내면서 남들 앞에 당당히 나서고 더 나은 미래를 위해 싸우는 승리자였다. 나는 다른 사람들도 내가 만난 용감한 여성들의 가슴 아프면서도 용기를 주는 이야기를 들으면 좋겠다고 생각했다. 그런 뜻에서 '트럼펫 소리'라는 제목의 1인극을 썼다.

등장인물은 모두 여성이다. 내가 인터뷰한 사람이나 강연으로 감동을 선사한 사람을 참고했다. 〈트럼펫 소리〉 가운데 일부를 학교 무대에 올렸는데 관객들이 눈물을 흘리며 기립박수를 쳤다. 그날 밤 기분이 아주 좋았다. 내가 연기를 잘해서가 아니라, 무고한 소녀들이 겪는 고통에 대해 청중의 공감을 이끌어냈기 때문이다.

나는 '여성, 돈, 권력' 포럼의 연단에 올라섰을 때, 그동안 내 마음을 움직여서 행동에 나서게 만든 소녀들이 바로 곁에 함께 서 있는 느낌을 받았다. 아프가니스탄의 압둘라 빈 오마르 중학교에 다니는 내 친구들 이야기를 시작할 때는 가슴이 뜨겁게 벅차올랐다. 나는 깨달았다. 소녀들이 교육받을 권리를 더 이상 빼앗기지 않도록 많은 사람들에게 실상을 알리고 변화를 위한 행동에 적극 나서는 것이야말로 내가 진정 원하는 일이라고.

소녀들의 교육 문제는 더 이상 뒷전으로 밀어두어선 안 된다. 우리는 더 나은 미래를 위해 지금 당장 올바른 결정을 내려야 한다. 여성들이 당연히 누려야 하는 자유를 되찾으려면 우리 모두가 힘을 합하고 뜻을 모아야 한다. 양성평등을 이루는 것은 여성들만의 몫일 수 없다. 지구촌 모든 국가와 사람들이 평등한 세상 만들기에 동참해야 한다.

두 눈을 번쩍 뜨자!

이사벨라는 학교에서 GLI 회원으로 활발하게 활동하는 친구다. 여러분도 이사벨라처럼 학교나 동네, 나아가 전 세계 곳곳에서 다른 사람들이 어떤 문제로 고통받는지 세심히 살펴보자. 처지가 어려운 사람들을 도울 수 있는 최선의 방법을 찾아보자. 여러분을 둘러싼 세상이 어떤 문제로 신음하는지 잘 알아야 할 때다. www.GirlsLearn.org

고아들이 스스로 일어서도록

네하 굽타

이 세상 모진 풍파를 부모님 없이 나 혼자서 견디며 살아간다고 생각해 보라. 돈이 없어서 먹을 것을 구걸하거나 훔쳐야만 하는 인생, 잠잘 곳을 찾아 헤매는 인생이라면 어떻겠는가? 상상하기도 싫을 것이다. 그렇지 않은가?

우리는 좋은 것만 찾아서 마음껏 누리며 살아간다. 우리보다 운이 나쁜 사람들이 겪는 역경은 모른 체하면서 말이다. 그럼 운 좋은 사람과 운 나쁜 사람이 공평하게 살아가는 세상을 만들려면 어떻게 해야 할까? 이런 사실을 문제로 여기고 개선을 위한 행동에 나서지 않으면 방법이 없다. 나는 이런 깨달음을 비교적 어린 나이에 얻었다. 나아가 안타까운 마음을 갖는 것에 그치지 않고 '고아에게 희망을Empower Orphans'이라는 비영리 단체를 세웠다. 우리 단체는 부모를 잃고 보살핌을 받지 못하는 지구촌 아이들이 더 나은 삶을 살도록 애쓰는 곳이다.

지금 내 나이는 17세. 나는 어린이 수천 명을 도우면서 살아간다. 그리

'고아에게 희망을' 홈페이지
www.EmpowerOrphans.org

고 나 자신은 물론 인간 본성에 대해, 세상이 바뀌어야 하는 필요성에 대해 값진 교훈을 얻으면서 살아간다. 우리 단체는 지금껏 100만 달러가 넘는 돈을 기부해서 부모를 잃고 힘겹게 살아가는 어린이 2만 5,000여 명에게 도움의 손길을 건넸다.

★ 먼저 교육 영역을 살피면, 우리는 어린이 100명이 교육을 받을 수 있도록 학비를 지원하는 동시에 도서관 5곳을 세우고 장서 1만 5,500권을 채워 넣었다. 컴퓨터 연습실 4곳도 마련했으며, 과학

센터 건립을 시작했다. 특히 인도에서는 형편이 어려운 지역에 있는 한 학교에 재봉교실을 열고 재봉틀 60대를 제공했다. 젊은 여성이나 소녀 들이 기술을 배우고 돈을 벌어서 경제적인 자립 기반을 마련하도록 돕는 것이 목표다.

★ 다음으로 건강 영역에서는, 안과와 치과 봉사활동을 통해 딱한 처지에 놓인 인도 어린이 30명을 도왔다. 펜실베이니아 주에서는 소아마비 수술을 지원하는 한편 트럭 100대 분량의 생활용품을 나눠줬다. 특히 벅스 카운티의 경우 5,000명이 넘는 아기들에게 기저귀를 제공했다. 우리 단체는 어린이들이 깨끗한 식수를 마실 수 있도록 우물을 파고 정수시설을 마련했다. 또 장난감과 식품, 의류, 책, 신발, 자전거 등을 어린이 수천 명에게 나눠줬다.

★ 앞으로는 활동 범위를 훨씬 넓힐 생각이다. 인도에서는 도서관과 컴퓨터 연습실을 추가로 마련하고 교육비를 지원하는 어린이 숫자도 두 배로 늘릴 계획이다. 재봉교실을 확장하고 재봉틀도 더 확보해서 생계가 막막한 소녀들의 자립을 돕기 위한 노력을 한층 강화할 것이다.

★ 미국에서는 형편이 어려운 가정에 대한 생활용품 제공 사업을 이어가는 동시에 필라델피아 지역에 도서관과 컴퓨터 연습실을 세우는 사업에 착수할 것이다. 이미 상당수 기업들이 후원에 동참하기로 결정한 상태다.

나에게 가장 소중한 순간은 내가 누군가의 인생에 변화를 일으켰다는 사실을 가만히 음미할 때다. 몇 해 전 인도에 갔을 때, 우리 단체에서 재봉교육을 받고 재봉틀까지 얻게 된 어느 소녀가 나를 자기 집에 초대했다. 그 아이는 다섯 식구와 함께 단칸방에서 살았다. 소녀는 고맙다고 인사하면서 자랑스럽게 말했다. 재봉사로 일하며 돈을 번 덕분에 난생처음 집에 전기가 들어오게 되었다고, 전구를 켜니 밤에도 일할 수 있다고, 남동생은 전기기사 시험을 쳐서 자격증을 땄다고 말이다. 남매는 함께 일하고 돈을 벌어서 살림을 일으킬 테니 두고 보라고 했다. 내가 다른 사람 인생에 커다란 변화를 일으킨 사실을 알게 된다는 것은 실로 놀라운 기쁨이 아닐 수 없다.

나는 '고아에게 희망을' 사업으로 다양한 경험을 하면서 배운 것도 많고 깨달은 것도 많다. 특히 사람을 살리고 세상을 바꾸는 게 무엇보다 중요하다는 사실을 확실히 알게 되었다. 세상 모든 사람은 사회를 바꿀 수 있는 힘이 있다. 우리는 이런 힘으로 지구촌이 직면한 여러 가지 문제에 맞서 싸워야 한다.

힘을 키우자!

네하는 '고아에게 희망을'이란 비영리 단체를 세웠다. 네하가 걸어간 길을 우리도 따르자. 먼저 곤경에 처한 사람들의 처지를 자세히 살피면서 그들을 돕기 위해 필요한 지식을 쌓아가자. 그리고 그들이 힘을 키워서 꿈을 스스로 이루는 방향으로 도움의 손길을 내밀자. 지식을 키우고 힘을 기르고 싶다면 '고아에게 희망을' 홈페이지를 참고하자.

www.EmpowerOrphans.org

꽃망울을 틔우는 힘!

아비 휘트모어, 앨리샤 니키파라바 외

8월의 어느 화창한 아침이었다. 덴버의 거리는 온갖 소리가 뒤섞여 활기찬 분위기를 자아냈다. 새들이 지저귀는 나무 아래로 자전거가 따르릉 지나가고 꼬마들은 까르르 웃음을 터뜨렸다. 하지만 교실에 앉은 우리의 표정은 기분 좋은 바깥 풍경과 사뭇 달랐다. 미국 여성주의 역사에 대한 강의를 듣고 있었기 때문이다.

우리는 자그마한 교실에 모여 앉아 분통을 터뜨리고 있었다. 여학생들 몇몇이 모여서 만든 작은 모임이었다. 저마다 다니는 학교도 다르고 사는 곳도 다르고 경험도 달랐다. 우리는 한편으로 화가 나면서도, 한편으로는 '꽃피는 봄날 프로젝트The Blossom Project' 같은 프로그램 덕분에 이런 문제를 접할 수 있다는 사실이 기뻤다. '꽃피는 봄날 프로젝트'는 펨파워드FemPowered라는 여성단체가 중점적으로 펼치는 사업으로, 고등학교 여학생들이 여성 인권과 인류애, 리더십 등을 배우는 모임을 말한다.

우리는 여성주의가 걸림돌을 극복해온 역사를 배우면서 많은 것을 느끼고 동기부여도 되었지만, 한편으로는 걸림돌에 발이 차여서 넘어진 느낌이었다. 100년이 넘는 여성 투쟁의 역사가 아직도 진행 중이라는 사실 때문에 답답한 마음이 더했다.

1776년 7월 4일, 미국은 대영제국으로부터의 독립을 선포했다. 미국의 독립 선언은 민주주의 발전에 시금석이 되었다. 자유의 이상향을 자부하면서 더불어 행복을 추구하겠다는 국가가 탄생했기 때문이다. 하지만 슬프게도, 미국 여성은 독립을 성취한 날로부터 144년이 지난 뒤에야 투표권을 겨우 얻을 수 있었다. 사정이 이렇다 보니 아프리카 출신 미국인들은 더 말할 나위가 없었다. 이들이 투표권을 얻은 것은 불과 몇 십 년 전이다.

여성에게 공민권을 부여하지 않은 이유에 대해 다양한 변명을 들을 수 있었다. 그중에서 가장 우스운 것은 여성이 투표권을 얻으면 남자처럼 거칠고 난잡한 성격으로 변한다는 아주 오래된 믿음이었다. 누구에게 표를 던질지 결정하기엔 너무도 마음이 여려서 신경쇠약에 걸릴지 모른다는 주장도 있었고, 남편을 무조건 따라가기 때문에 투표권을 따로 부여할 필요가 없다는 설명도 있었다. 한마디로 여성이라는 존재를 조금도 진지하게 고려하지 않은 것이다. 그러니 텍사스 주법州法에 '누구나 투표권을 지닌다. 다만 바보와 얼간이, 외국인, 미치광이 그리고 여성은 제외한다'라는 조항이 1918년까지 살아 있었던 것도 무리는 아니다.

여성운동이 태동하던 시기는 또 어땠을까. 위기감을 느낀 상당수 남편들은 아내를 두들겨 패서 복종시켰다. 당시 사람들은 이런 행동을 합법적이고 당연한 일로 여겼다. 여성은 남편의 폭력에 맞설 수단이 없었다. 사실 동물이나 어린이 학대에 반대하는 단체가 생긴 지 한참 지나서야 여성 학대에 반대하는 단체가 등장했다. 미국 역사에서 매우 불행한 측면이 아닐 수 없다.

1979년 지미 카터 대통령이 가정폭력 방지국을 신설했다. 그러나 1981년 레이건 대통령이 없애고 말았다. 1994년 미국 의회는 '여성에 대한 폭력 방지법'을 통과시켰다. 미국 역사상 처음으로 탄생한, 그야말로 획기적인 법률 덕분에 미국 여성은 성차별적 폭력에 대해 소송을 제기할 수 있는 연방 차원의 권리를 획득하게 되었다. 하지만 2012년 '여성에 대한 폭력 방지법'의 개정안이 공화당에 발목을 잡혔다. 공화당은 개정법이 동성 커플까지 보호 범위를 넓히는 것에 반대하고 학대당한 불법 이민자가 임시 비자를 요구하도록 허용하는 조항도 문제삼았다. 2012년 4월 상원은 개정안에 효력을 부여하기로 의결했다. 하지만 공화당이 주도하는 하원은 가정폭력으로 피해를 당한 동성연애자와 원주민, 불법 이민자를 보호하기로 규정하는 상원 의결 법안의 일부 조항들을 제외하고 나머지만 통과시키고 말았다. 이 글을 쓰는 지금도 개정법은 숱한 논란을 일으키고 있다.

우리는 1년에 걸쳐 '꽃피는 봄날 프로젝트'를 진행하며 개인과 공동체 차원에서 현재 문제가 되는 것들이 무엇인지 배울 수 있었다. 우리 모임은 성적 자기결정권, 인신매매, 노숙, 청소년 데이트 폭력, 여성을 묘사하는 언론의 태도, 급작스러운 금융 위기에 따른 공적 부조의 과도한 축소 등 다양한 문제에 대해 관심을 기울인다. 아울러 지역 사회에 긍정적인 변화를 일으키기 위해 각계각층의 전문가들과 손잡고 새로운 사회운동을 다양하게 펼치고 있다.

우리 모임은 기부금을 모아서 뜻이 맞는 단체들에 전달하기도 한다. 기부금이 필요한 단체들로부터 모금 신청도 받는다. 어떤 단체를 위해 모금 운동을 벌일지 결정할 때는 해당 단체의 활동 현장을 반드시 방문한다. 내년에는 우리가 관심을 갖는 문제에 대해 전국적인 차원에서 행동에 나설 계획이다. 그다음에는 지구촌 차원에서 우리가 해야 할 일을 찾을 것이다.

우리는 '꽃피는 봄날 프로젝트' 덕분에 매우 다양한 사회 문제에 대해 눈을 떴다. 그런데 학교에서는 이런 문제들을 토론 주제로 다루지 않는다. 우리는 그 까닭을 잘 모르겠다. 아마도 승리한 자, 다시 말해 여성이 아닌 남성이 역사를 기술하기 때문이리라!

그러니 우리가 시빌 러딩턴 같은 여성들을 어떻게 알겠는가? 1777년 당시 16세에 불과했던 시빌은 영국군이 쳐들어온다는 사실을 사람들에게 알리기 위해 말을 타고 뉴욕과 코네티컷 일대를 휘젓고 다닌 인물이다. 시빌은 저 유명한 폴 리비어만큼이나 머나먼 길을 두 번이나 달려서 병사들을 모집하고 영국의 침략을 막는 데 혁혁한 공을 세웠지만, 그 이름조차 아는 사람이 거의 없다. 셜리 치솜은 어떤가. 그녀는 뉴욕 출신 교육자로, 1969년 아프리카계 미국인 여성으로는 처음으로 미국 의회에 진출한 사람이다. 주요 정당 소속으로 미국 대통령 후보가 된 최초의 흑인이자 민주당 대선 후보 경선에 나선 최초의 여성이기도 하다.

우리는 여성운동의 역사를 공부하는 과정에서 미처 알지 못했던 인물을 많이 만날 수 있었다. 임금 차별, 생식의 권리, 평등 같은 몇 가지 중요한 화두도 얻었다. 이 시대를 살아가는 우리 젊은 여성들은 지난날 여성의 투쟁과 성공의 역사를 가슴에 품고 나아가야 한다. 무슨 일이든 할 수 있고 어떤 사람도 될 수 있다고 자기 자신을 확실하게 믿어야 한다.

넬슨 만델라는 우리 '꽃피는 봄날 프로젝트'에 가장 강력한 동기를 부여한 인물이다. 우리는 만델라가 남긴 말을 믿고 의지하며 살아간다.

"유독 위대한 세대가 등장할 때가 있다. 여러분은 아마도 위대한 세대에 속하는 사람일 것이다. 따라서 자기가 지닌 위대함이 꽃피게 하라."

이 말에는 강력한 힘이 담겼다. 우리는 그 힘을 진보의 동력으로 삼을 수 있는 최선의 방법은 투표라고 생각한다! 물론 작은 걸림돌이 있다. 여고생은 나이가 어려서 투표권이 없기 때문이다. 그래서 우리는 어른들이 투표할 때 우리 주장을 반영할 수 있도록 노력하기로 결정했다. 우리는 몇 시간 동안 브레인스토밍을 벌인 끝에 한 가지 아이디어를 냈다. 각자 '나 대신 투표해주세요', '소녀라 생각하고 투표하세요' 같은 문구를 적은 포스터를 들고 동영상을 찍는 것이었다.

햇살이 눈부신 9월의 어느 일요일, 교실 분위기는 우리가 여성주의 역사에 대해 토론할 때랑 완전히 딴판이었다. 이날은 하나같이 신나고 열정이 샘솟는 표정이었다. 친구들과 이웃들, 식구들을 불러 모아 '나 대신 투표해주세요'라는 제목으로 동영상을 찍는 자리였다. 세 살부터 열일곱 살까지 투표권이 없는 소녀들은 자신이 중요하다고 여기는 문제를 담아서 포스터를 만들었다. 그리고 포스터를 들고 원하는 곳에 섰다. 동영상 배경음악은 록밴드 노다웃이 부른 〈저스트 어 걸Just a Girl〉이었다.

이 자리를 빌려 여러분에게 포스터 문구를 몇 가지 소개하겠다.

나 대신 투표해주세요:

★ 왜냐하면 나는 꿈이 있거든요.

★ 왜냐하면 나는 소중한 사람이니까.

★ 우리 함께 유리천장을 부수자.

★ 인신매매 없는 세상에서 자라고 싶다.

★ 전 세계 120개국이 유급 출산휴가를 보장합니다. 그런데 미국은 아닙니다.

★ 성적 자기결정권을 지켜주세요.

★ 하나뿐인 지구를 건강하게!

★ 왜냐하면 미국은 여성 의원 수가 전 세계 80위로 리투아니아(71위), 아프가니스탄(37위), 쿠바(2위)보다 못하기 때문이다.

★ 나는 나답게 살고 싶다.

★ 언젠가 내가 당신을 위해 투표할 테니까요.

★ 당신 스스로 소녀라 생각하고 투표하세요!

동영상은 커다란 반향을 불러일으켰다. 하지만 이것은 시작에 불과하다. 여성운동은 계속해서 앞으로 나아가야 한다. 우리는 여성의 밝은 미래를 위해 전진하자는 요구에 언제나 귀를 기울일 것이다. 우리가 나서지 않으면 그 누가 우리를 대신해서 앞장서겠는가.

똑똑한 시민이 되어 미래를 스스로 개척하자!

꽃피는 봄날 프로젝트' 참가자들은 우리에게 강력한 메시지를 던진다. 지금은 여러분이 자신을 있는 그대로 사랑하면서 시민의식으로 무장하고 변화를 위한 행동에 나섬으로써 미래를 새롭게 창조할 때라는 메시지 말이다. 역사에 대해, 그리고 역사를 만든 여성과 남성에 대해 더 많이 공부하자. 그러면 존경할 만한 새로운 영웅을 발견할 수 있을 것이다. 의식이 깨어 있는 시민이 되려면 어떻게 해야 하는지 알아보자. 모임에 참가해서 자기 의견을 다른 사람들과 나눌 수 있다면 더 좋겠다. www.BlossomProject.org

'꽃피는 봄날 프로젝트'에서 만든 포스터들

8장

열정을 쏟아라

우리 모두는 선물을 받아 들고 이 땅에 태어났다.
재능과 호기심 그리고 가능성이라는 선물을.
지금은 선물 상자를 열어 세상을 뒤흔들 때다.

학대당하는 동물 편에서

폴 샤피로

내 어린 시절을 뒤돌아보면, 동물 학대를 막는 숭고한 사업에 몸과 마음을 던져 불철주야 노력하던 어린이는 아니었다. 나는 그저 우스갯소리를 좋아할 뿐 심각한 고민은 별로 없던 지극히 평범한 아이였다.

화학 수업을 함께 들었던 친구들이라면 나를 짓궂은 아이로 기억할지도 모르겠다. 비커에 물을 담고는 “염산을 가져가니까 조심들 해” 하고 소리치면서 지나가다가 “어이쿠!” 하면서 친구 맨팔에 쏟아 붓는 장난을 쳤기 때문이다. 넋 놓고 있다가 봉변을 당한 친구는 진짜 염산인 줄 알고 비명을 질러댔다. 작전을 함께 세운 친구들은 숨이 넘어가게 웃었지만 말이다.

하지만 어떤 장난을 칠까 궁리하느라 바빴던 시절은 금세 지나갔다. 고등학교에 입학할 즈음에는 장난보다 조금 더 중요한 뭔가를 고민하기 시작했다. 내가 동물에 대한 일상적인 학대 실태에 처음으로 눈뜨게 된 것은 한 친구가 공장식 축산농장에 관한 동영상을 보여줬을 때였다. 동영상에서 동물들은 공장 같은 농장에 갇혀 지내다가 냉혹한 인간 도살자에게 무기력하게 끌려가 끔찍한 방식으로 도축을 당했다. 동물들은 우리가 얼마나 비좁은지 옴짝달싹도 못하다가 진통제 없이 온몸이 조각나면서 죽임을 당했다. 전기 충격기에 찔리면서 도축장으로 떠밀려 가는 장면에서는 오히려 죽음이 안식일 거라는 생각이 들 지경이었다.

나는 온몸이 덜덜 떨렸다.

그때까지 개 여러 마리를 식구처럼 여기며 살아온 나였다. 나는 동영상 속 공포에 질린 동물들의 눈망울과 우리 집 개들을 번갈아 쳐다봤다. 동영상에 등장한 동물들은 잔혹한 죽음으로부터 달아나려고 몸부림쳤다. 하지만 끝내 처참한 운명을 피할 길은 없었다. 물론 그런 일이야 절대로 없겠지만, 만에 하나 우리 집 개가 저런 꼴을 당한다면 나는 개를 구하기 위해 어떤 행동을 할지 상상해봤다. 동영상에서 잔혹한 행동을 서슴지 않는 도살자들은 분명 미치광이나 악마일 거라는 생각이 들었다.

물론 모든 문제가 농장에서 일하는 사람들 탓만은 아니라는 사실을 곧 깨달았다. 그들은 맡은 임무를 수행하는 사람들에 불과했다. 오히려 자신이 사랑하는 동물이 아니면 어떤 잔혹한 학대 행위에 대해서도 눈감아왔던 우리 자신이 문제일 수도 있었다. 나 역시 매일 고기를 먹으면서 이 같은 동물 학대 행위에 간접적으로 돈을 지불한 사람이었다. 어쩌면 나는 농장 동물을 끔찍하게 학대한 일꾼들보다도 문제가 더 많은 사람일지 몰랐다.

나는 열세 살 되던 해에 동물이 느끼는 고통을 덜어주겠다는 생각에 채식주의자가 되기로 결심했다. 그로부터 한 달 뒤에는 달걀과 유제품을 생산하는 현장이 고기를 생산하는 현장보다 훨씬 더 잔인하다는 사실을 알게 되었다. 그렇게 1년이 흐른 어느 날, 나는 동물을 보호하고 싶은 열망을 행동으로 옮기기 위해 '자비로운 도살COK'이라는 고등학생 동아리를 만들었다.

우리 COK는 점심시간에 채식주의 식품을 친구들한테 나눠주고, 강사를 초청하거나 동영상을 보여주는 등 대중 교육을 위한 행사를 다양하게 펼쳤다. 고등학생 동아리로 아담하게 시작한 우리 단체는 나중에 엄청나게 거대한 조직으로 성장했다. 지금은 기부금을 넉넉히 모은 덕분에 나를 포함해 정식 직원을 몇 명 채용하고 사업도 전국 단위로 펼치고 있다.

우리는 양계 농장과 경매 과정, 트럭 운송, 도축 시설 등 현장 실태를 동영상으로 담았다. 우리가 촬영한 장면은 TV 화면과 신문 지면을 여러 번 장식했다. 우리가 현장을 몰래 찍어 폭로하는 동영상으로 인해 많은 사람들이 생각을 바꾸고 동물 보호에 동참하면 더 바랄 게 없겠다.

COK의 목표는 공장식 축산농장이라는 어두운 그늘에 밝은 빛을 비추는 것이다. 많은 사람들의 관심이 햇빛처럼 쏟아지면 동물 학대는 수증기처럼 자취를 감출 게 분명하다. 우리는 동물 복지를 실천한다고 제품 포장지에 허위로 표시하는 기업과 맞서 싸우기도 한다. 달걀 업계가 관행처럼 일삼는 허위 광고를 금지시키기도 했다.

나는 자원봉사자로 6년, 직원으로 4년, 도합 10년이라는 세월을 COK에 바쳤다. 지금은 미국 최대의 동물보호 단체인 미국 인도주의 협회HSUS로 자리를 옮겨 농장 동물 보호운동을 벌이고 있다.

나는 HSUS에 합류한 이래 농장 동물의 처지를 개선할 수 있는 몇몇 사업에 참여하는 행운을 누렸다. 가장 중요한 성과로는, 몇 개 주가 축산농장이 자행하는 가장 끔찍한 행위 몇 가지를 금지하게 만든 것과 잔

인한 도축 방식으로 생산한 육류 제품을 구매하지 않기로 몇몇 판매점과 협력한 것을 들 수 있겠다. 아울러 개개인이 식품을 선택하는 기준을 바꾸면 동물 학대를 얼마든지 막을 수 있다는 사실을 알기 쉽게 홍보하는 사업도 펼쳤다.

최근 미국의 동물보호운동은 농장 동물에 대한 학대에 맞서서 승리를 거두는 모양새다. 하지만 농장 동물들의 처지는 여전하다. 나아진 게 별로 없다. 미국은 매년 수억 마리의 동물을 키워서 도살하는 나라다. 그 끔찍한 환경과 도살법을 실제로 본다면 누구든 얼굴이 새하얗게 질리고 말 것이다. '천 리 길도 한 걸음부터'라는 말이 있다. 우리는 그동안 동물보호를 위해 대

'미국 인도주의 협회' 홈페이지
www.HumaneSociety.org

단히 중요한 걸음을 내딛은 게 사실이다. 하지만 갈 길이 아직 멀다. 우리 앞에 쌓인 일감은 태산과 같아서 헤라클레스 같은 힘이 필요할 지경이다.

우리는 신이 빚은 피조물끼리 폭력과 지배가 아닌 공감과 존중을 바탕으로 더불어 살아가는 세상을 꿈꾼다. 진정 자비로운 세상을 만나는 게 어쩌면 불가능할지도 모른다. 하지만 인류의 도덕적인 관심은 한때 비현실적인 몽상에 불과하다고 여기던 것까지 흡수하면서 범위를 확장해왔다. 우리는 동물 역시 우리처럼 생명을 지녔다는 사실, 우리처럼 고통을 느낀다는 사실, 우리처럼 죽음을 두려워한다는 사실을 부인해서는 안 된다.

동물을 사랑하는 마음의 크기와 강도를 겨룰 때, 내가 챔피언은 아닐지 모른다. 하지만 인생 절반에 해당하는 몇 십 년 동안 동물보호를 부르짖고 살면서 분명히 느낀 게 하나 있다. 나 같은 사람도 참된 자비의 세상을 만드는 일에 한몫하고 있다. 그러니 누군들 못 하겠는가. 목소리가 없는 존재를 대신해 목소리를 내는 일, 여러분도 할 수 있다.

그런데도 자기가 그럴 능력이 되는지 망설이는 청년들이 있다면, 내가 진심을 담아 충고 한 마디 하겠다. 시대를 막론하고 신성하게 여겨 마땅한 조언이니 귀담아 듣기 바란다. 그게 무슨 말이냐고?

"일단 시작해!"

참여하지 않고 행동하지 않는 태도야말로 사회를 바꾸는 데 가장 커다란 걸림돌이다. 우리는 무엇을 먹을지 결정하는 행동만으로도 더 나은 세상을 만들 수 있다. 내가 아무리 떠들어봤자 마야 안젤루(미국의 시인, 인권 운동가:옮긴이)가 남긴 한 마디에 못 미칠 것 같다.

"되는 일이 아무것도 없을 것이다. 당신부터 나서지 않으면."

지금 당장 시작하자!

폴은 '자비로운 도살' 설립자로 지금은 미국 인도주의 협회에서 농장 동물 보호운동에 매진하고 있다. 과감하게 행동에 나서자는 폴의 한 마디는 무게감이 남다르다. 여러분의 꿈과 목표가 무엇이건간에 그것을 실현하기 위한 행동을 지금 당장 시작해야 한다! 학대받는 동물을 돕고는 싶은데 무엇을 어떻게 해야 하는지 막막하다면 이곳을 참고하자. www.COK.net, www.HumaneSociety.org

사장님이 되자, 진짜로!

잭 킴

당신이 사장님이 된다면 어떤 기분일까? 언제 일할지, 얼마나 일할지 마음대로 정할 수 있겠다고? 정말 멋질 것 같다고?

으음, 꼭 그런 것만은 아니다. 물론 사장님이 된다는 건 무지하게 신나고 즐거운 일이다. 하지만 종종 극심한 스트레스에 시달리거나 시간을 허비할 수도 있다. 내 인생 첫 사업인 '베네랩Benelab'을 1년 정도 운영하는 동안, 나는 교실에 앉아서는 결코 배울 수 없는 수많은 교훈을 얻었다. 특히 벤처기업을 운영하기 위해 엄청난 시간을 쏟아 붓는 과정에서 사회적 기업 운영을 평생 직업으로 삼아야겠다는 열정이 솟았다.

내가 회사를 운영한 경험에 대해 이야기하기에 앞서, 여러분에게 진심으로 하고 싶은 말이 무엇인지 분명히 짚고자 한다. 나는 청소년들이 스스로 떨쳐 일어나서 뭔가 새로운 것을 시작하고 만들고 행할 수 있도록 용기를 북돋고 싶다. 어떤 분야건 간에 경험과 지식을 얻는 가장 좋은 방법은 지금 당장 자리에서 일어나 실제로 해보는 것이다. 여러분은 내가 베네랩을 운영한 경험담을 들으면 이 말이 무슨 뜻인지 똑똑히 이해할 것이다.

몇 년 전, 내 나이 열여섯 살이 되던 해였다. 나는 스탠퍼드 대학교에서 열린 3주짜리 비즈니스 캠프를 마치고 집으로 돌아가기 위해 시애틀로 가는 비행기에 몸을 실었다. 캠프 내내 기업을 세우고 운영하는 수많은 방법을 배운 터였다. 나는 기내에서 캠프 마지막 주제를 행동에 옮기기로 결심했다. 사실 캠프에 참가하기 전부터 웹 개발이나 브랜딩, 마케팅, 기업가 정신 같은 분야에 푹 빠진 상태였다.

나는 창업 절차를 정확히 파악하자마자 내 이름으로 회사를 당장 차리고

'베네랩'의 홍보 동영상 중 한 장면
www.Benelab.org

싶어서 조바심이 일었다. 회사를 운영한다는 게 대체 무엇인지 하루 빨리 알고 싶었기 때문이다. 하지만 문제가 하나 있었다. 정작 무엇을 파는 회사를 차려야 하는지 결정을 못 내린 것이다. 나는 이틀 동안 고민한 끝에 결론을 내렸다. 그동안 개인적인 차원에서 관리하던 '비영리 나눔 목적의 검색엔진'을 이참에 확 키우자고, 거대한 시장을 목표로 거대한 반향을 일으켜 보자고 마음먹었다. 이에 따라 검색엔진 사이트를 정식 회사로 탈바꿈시키되 다양한 나눔 활동을 지원하는 비영리 성격까지 갖도록 했다. 실은 웹 검색으로부터 발생하는 광고 수입을 기부한다는 엄청 단순한 사업 아이디어였다. 회사 이름을 '베네랩'이라 짓고 다방면에 재주가 많은 다섯 친구를 창립 멤버로 끌어들여 초기 작업을 떠맡겼다. 그로부터 1주일 뒤, 회계 담당자와 웹 개발자, 그래픽 디자이너, 홍보 담당자가 새로이 합류했다.

창업 후 몇 달 동안 죽도록 고생한 결과 우리는 엄청난 보상을 받았다. 베네랩은 우리 고등학교에서 인기가 아주 높았다. 심지어 학교 측에서는 우리더러 교내 모든 컴퓨터의 시작 페이지를 베네랩 홈페이지로 설정하라고 했다. 지역 온라인 매체부터 전국적으로 유명한 언론사까지 우리 이야기를 비중 있게 다루기 시작했다.

나눔을 위한 검색엔진이라는 아이디어 덕분에 크게 주목받았지만, 열여섯 살 먹은 '고딩'들이 자기들 힘만으로 회사를 차렸다는 이야기를 더 흥미롭게 여기는 사람들이 많았다.

우리는 더 나은 검색 결과를 서비스하고 더 많은 이용자를 유치해서 더 많은 기부금을 조성하기 위해 거대 포털사이트인 '야후!'와 협력관계를 맺었다. 지난해에는 주당 40시간 이상 일해가면서 베네랩 산하에 새로운 홈페이지를 만들었다. 비영리 단체를 위한 크라우드 펀딩 사이트였다.

기부금 액수나 자원봉사 횟수도 중요하지만, 우리는 사업을 통해 측정 불가능한 소중한 경험을 얻을 수 있었다. 나는 CEO로서 직원들을 이끌며 조직이 창의력을 발휘하도록 동기를 부여하는 방법을 배웠다. 마케팅 담당 부사장 맥커일러는 수많은 사업 파트너를 상대하는 동시에 전국 방송 뉴스 시간대에 광고 시간을 확보했다. 웹 개발자이면서 기술 담당 최고책임자인 달튼은 베네랩 소프트웨어를 구축하면서 경험을 쌓고 사업 초창기 업무 방식을 배웠다. 우리는 교실에서 배울 수 있는 범위를 훨씬 뛰어넘는 내용을 체험으로 배웠다고 자부한다.

어린 나이가 때로는 불리한 점이 되기도 한다. 그러나 반대의 경우도 있다. 엄청난 장점으로 활용할 수 있기 때문이다. 어린 나이에는 실패해도 잃을 게 별로 없다. 하지만 20년 뒤에, 먹고살아야 하고 책임져야 하는 것도 많은 때에 실패한다고 생각해보라. 한마디로 청소년 시절은, 잃을 건 많지 않고 얻을 건 아주 많은 때다.

회사 경영, 전문 기술, 음악 등등 여러분이 어떤 분야에 열정을 느끼건 간에, 몸으로 부딪쳐서 경험을 쌓을 수 있는 길이 반드시 존재한다. 그 대상이 회사 경영이라면 우선 창업해서 돈을 조금 벌어보라. 전문 기술이라면 로봇 제작팀을 꾸려서 세계 대회에 출전해보라. 음악이라면 녹음을 시작하고 오디션을 찾아가자. 무조건 저지르고 보는 거다. 그러면 여러분은 말 그대로 기업을 운영하는 사장님이 되는 거다.

자, 여기까지가 내 이야기다. 나는 '큰일을 벌이기에 너무 어린 나이'란 존재하지 않는다는 믿음이 여러분 마음에 확실히 뿌리 내리기를 바란다.

지금 당장 저지르자!

잭은 '베네랩' 창업자이자 CEO다. 잭의 주장은 간단하다. 여러분이 살면서 이루고 싶은 게 무엇이든, 지금 당장 시작하라는 것이다! 잭은 창의적인 검색엔진 사업을 벌이고 싶은 열정과 나눔을 실천하고 싶은 선의를 하나로 합쳤다. 먼저 자신에게 묻자. "사는 동안 반드시 이루고 싶은 목표가 무엇인가?" 이렇게 질문을 던지는 바로 그 순간이 출발점이다! 잭이 자신의 꿈을 실현한 과정을 자세히 살피고 싶다면 이곳을 방문하자. www.Benelab.org

모두에게 정의로운 사회

사만다 허프먼

지금껏 자라오면서 스페셜 올림픽은 언제나 내 인생의 일부였다. 초등학교 2학년 때였다. 한 친구가 일주일에 하루, 쉬는 시간 동안 특수반에서 봉사활동을 할 수 있겠냐고 물었다. 나는 그러겠다고 했다. 그리고 쉬는 시간에 특수반에 가서 친구들의 수학 숙제를 거들거나 물감으로 색칠하는 걸 도왔다. 책을 읽어주거나 게임을 하기도 했다. 그해 내내 나는 그 친구들과 어울리는 데 점점 더 많은 시간을 보내다가 결국에는 매일 쉬는 시간마다 특수반을 찾아가게 되었다.

사람들은 나더러 대체 왜 그러냐고 묻는데, 나도 이유를 딱히 모르겠다. 그렇다고 전부터 장애인과 무슨 인연이 있었던 것도 아니다. 사실 그때는 내 행동의 참뜻을 제대로 이해하지 못했던 것 같다. 그저 특수반을 찾아가는 게 즐겁고 그 반 학생들이 내 친구라고 생각했을 뿐이다. 그다음 해, 나는 스페셜 올림픽의 통합 파트너가 되어달라는 부탁을 받았다. 통합 파트너란 지적 장애가 없는 사람으로서 지적 장애인과 한 팀을 이뤄

시합에 출전하는 선수를 말한다. 나는 옳거니 싶어서 통합 파트너가 되겠다고 냉큼 대답했다.

나는 지금도 통합 파트너로 활동한다. 그런데 고등학교 졸업반에 올라가면서 또 다른 기회가 찾아왔다. 스페셜 올림픽 산하 전국 청년활동가 위원회의 위원으로 뽑혀서 '장애-비장애 통합 프로젝트'를 담당하게 된 것이다. '장애-비장애 통합 프로젝트'는 청소년이 주도하는 운동으로, 스포츠와 교육을 통해 학교와 지역 사회에 더불어 살아가는 풍토를 조성하는 사업이다. 나는 원래부터 내 일이었던 것처럼 빠져들었다.

대학교 1학년을 마친 여름방학에는 전국 청년활동가 대표자 회담을 개최했다. 여기에는 전국에서 모인 장애 또는 비장애 청년활동가 200명이 참석했다. 사회 정의라는 우리의 목표를 다시 한 번 분명히 하는 동시에 그런 목표를 달성하기 위한 디딤판으로 스페셜 올림픽을 어떻게 활용할지 집중적으로 토론하는 자리였다.

회담 준비는 1년 전부터 시작했다. 나는 분과위원회 위원장 업무를 할당받았는데, 회담 기간에 열리는 다양한 분과위원회 활동을 총괄하는 일이었다. 회담이 열린 그 여름에, 워싱턴DC에 있는 스페셜 올림픽 국제본부 산하 '장애-비장애 통합 프로젝트'에서 인턴 직원으로 일할 기회도 얻었다. 나는 인턴으로 활동하면서 일정과 대외협력, 화물 운송 등 회담을 전반적으로 준비하는 작업까지 간여했다.

나는 회담을 준비하는 과정에서 전국 각지에서 모인 전문가들과 함께 일할 수 있었다. 그해 여름을 맞기 전까지만 해도 나는 스페셜 올림픽을 위해 내가 하는 일이 어떤 의미인지 정확히 몰랐다. 하지만 회담을 계기로 깨달았다. 나는 지적 장애인들 편에서 사회 정의와 사회 변화를 이루기 위해 싸우는 사람이라는 사실을. 나는 내 안에 존재하는 사회 정의를 향한 열정을 발견했고, 사회 정의를 향한 투쟁을 소명으로 받아들였다.

나는 애초에 초등학교 교사가 되고 싶어서 대학에 진학했다. 하지만 4학년 때 인생 목표가 바뀌었다. 나는 대학원에 가서 사회복지학을 전공하기로 결심했다. 특히 사회변동 문제를 집중적으로 연구하고 싶었다.

한 가지 분명한 것은 일곱 살 꼬맹이 시절의 경험이 나로 하여금 여전히 장애인 운동가로 살아가도록 만들었다는 사실이다. 통합 파트너가 되었다고 해서, 또는 스페셜 올림픽이라는 조직에서 한 자리 차지했다고 해서 사회 정의를 향한 내 투쟁이 멈추는 일은 없을 것이다. 사회 정의란 곧 내 열정이고 내 목표이기 때문이다. 아니, 내 인생 그 자체이기 때문이다.

열정을 직업으로 삼자!

사만다는 스페셜 올림픽 통합 파트너로 스페셜 올림픽 전국 청년활동가 위원회 위원을 지냈다. 여러분도 사만다처럼 사회복지나 특수교육 등 전문 분야를 공부하면 자원봉사자가 아니라 직업인으로서 남을 도울 수 있다. 자원봉사에 적극적으로 임하자. 미처 몰랐던 자신의 적성을 발견할 수도 있다. www.SpecialOlympics.org, www.R-word.org

9장

세상을 치유하라

누구나 병든 세상을 고칠 수 있는 힘이 있다.
게다가 별로 어려운 일도 아니다.
붓을 들어 그림을 그리거나
도움의 손길을 내밀거나
축구공을 차거나
질문을 던지기만 하면 된다.

벽화로 하나 된 마을

나다 압달라

앗살라무 알라이쿰! 여러분에게 평화가 깃들기를!

나는 아랍계 미국가정 지원협회AAFS에서 주최하는 매우 흥미진진한 사업에 동참해서 자원봉사자로 일한다. 시카고에 자리 잡은 AAFS 본부 건물에 전시할 벽화를 그리는 작업에 또래 친구들과 함께 참가한 것이다.

이 사업은 우리 모두는 혼자가 아니며 세상은 더불어 살아가는 곳이라는 메시지를 그림으로 표현하는 것이 목적이다. 아울러 누구든지 AAFS와 함께하면 보호를 받고 필요한 것은 무엇이든 얻을 수 있다는 메시지도 전달하고자 한다. 매우 중요한 대목이 아닐 수 없다. 도움이 절실해서 AAFS를 처음 찾아온 사람이 제일 먼저 따뜻한 벽화와 마주한다면 따뜻하게 환영받는 인상, 안전하게 보호받는 느낌을 받을 테니까.

우리는 텅 빈 담벼락에 자유의 여신상과 이집트 피라미드, 에펠탑, 타지마할, 피사의 사탑 등등 세계 각국을 상징하는 다양한 건축물을 그려 넣는 중이다. 한마디로 이 벽화는 지구촌을 상징하는데, 마지막으로 그림

한복판에 'AAFS에 오신 여러분, 환영합니다!' 하고 적어 넣으면 완성이다.

벽화 그리기는 지금껏 놀라운 체험의 연속이었다. 나는 벽화를 그리면서 정말 즐거웠다. 물론 힘든 점도 없지는 않았다. 하지만 좋은 친구를 많이 사귈 수 있어서 좋았다. 친구들과 함께 그림을 재미있게 그릴 수 있어서, 무엇보다 벽화가 사람들한테 도움이 될 것 같아서 좋았다. 그런데 담벼락에 어떤 그림을 그려야 하는지, 보는 사람들이 이해하고 좋아할지 판단하기란 쉽지 않았다.

우리는 벽화를 통해 세상 모든 사람이 한 가족이고 더불어 살아간다는 사실을 드러내고 싶다. 여러 가지 건축물이 세상 곳곳에 우뚝 솟은 장면을 그리기로 결정한 것은 그런 뜻을 살리기 위해서였다. 벽화는 우리가 일상을 살아갈 때 화합이 얼마나 중요한지 보여줄 것이다. 그런데 우리가 이토록 화합을 중요시하는 건 왜일까? 우리는 최근 국제 정세를 두루 살필 때 화합만큼 중요한 것은 없다고 생각했다. 오늘날 지구촌은 전쟁과 갈등이 잇따르면서 평화로운 곳을 찾기가 어려울 정도다. AAFS를 찾는 사람들이 우리가 그린 특별한 벽화를 보고 화합에 대해 깊이 생각하는 기회가 된다면 더 바랄 게 없겠다.

그런데 나는 멋진 친구들과 함께 벽화 그리는 일을 어떻게 시작했을까? 이 자리에서 내가 벽화 그리기에 동참한 이유를 솔직히 밝히고 싶다. 나는 애초에 학교에서 요구하는 자원봉사 시간을 채우려고 벽화 그리기를 시작했다. 하지만 시간 채우기로 시작한 벽화 그리기가 지금은 완전히 다른 의미를 지닌다. 사실 자원봉사 시간을 채운 지는 한참 되었다. 지금은 오로지 좋은 일에 동참하고 싶은 순수한 마음으로 벽화 그리기에 기껴이 헌신하는 중이다.

AAFS는 나한테 아주 큰 의미가 있는 단체다. 심지어 집처럼 편하게 느껴진다. 벽화 그리기 같은 활동을 통해 나 자신을 제대로 표현할 수 있는 곳이기 때문이다. 나는 벽화 그리기에 동참할 수 있어서 정말 행복하다. 얼마나 근사한 작품이 탄생할지 빨리 완성작을 보고 싶어 조바심이 난다. 사실 나는 벽화 전문가도 아니고 화가도 아니다. 그저 친구들과 의견을 주고받으며 열심히 색을 칠할 뿐이다. 나는 오히려 그림을 못 그리는 편이다. 하지만 여러 가지 물감을 섞고 벽에 색칠하는 작업 자체가 너무도 즐겁다. 감독관인 함자 선생님과 사라 선생님한테서 그림 그리기는 물론 협동해서 일하는 방법 등 많은 것을 배울 수 있었다.

10대 청소년들에게 예술 활동은 무척 중요한 것 같다. 자기 자신을 다른 사람들과 연결하는 한 가지 수단이 되기 때문이다. 물론 예술이 별로 중요치 않다고 여기는 사람도 있을 것이고, 사람 사이의 소통에 별 도움이 안 된다고 보는 사람도 있을 것이다. 하지만 틀린 생각이다! 본디 예술은 사람과 사람의 소통을 위해 존재한다!

청소년들이 예술 활동에 참가해야 하는 이유는 또 있다. 예술이란 재미도 있을뿐더러 중요한 사회 문제에 대해 자기 생각과 느낌을 표현하는 훌륭한 도구다! 예술은 나와 내 친구들에게 실로 즐거운 활동인 동시에 영감을 불러일으키는 경험이다. 나는 벽화 그리기를 통해 많은 교훈을 얻었다. 그 가운데 가장 중요한 것은 나이가 아무리 어려도 남을 얼마든지 도울 수 있고 세상을 바꿀 수도 있다는 사실이다.

화합을 창조하자!

나다는 아랍계 미국가정 지원협회의 자원봉사자다. 여러분도 나다와 그 친구들처럼 학교나 동네에서 다양한 방식으로 화합을 이야기할 수 있다. 친구 몇몇을 모아서 단체를 만들어 활동 계획을 짜도 좋겠다. 벽화 그리기도 좋고, 그 밖에 사람들을 좋은 뜻으로 뭉치게 만들 수 있다면 무슨 활동이라도 좋다.

마음과 마음을 이으면

애너 도슨

나는 페루 쿠스코에서 태어났다. 부모님은 나를 아기 때 입양해서 미국으로 데려왔다. 열한 살 되던 2003년 여름, 나는 엄마와 함께 페루에 가서 고아원 몇 곳을 방문했다. 스페인어로 쓰인 동화책과 테디베어 곰 인형을 가져갔는데, 아이들한테 선물하려고 그동안 모아둔 것이었다.

메르세데스 데 헤수스 몰리나 고아원은 안타라는 지역에 있는 조그만 보육시설인데, 이곳은 쿠스코 외곽의 높은 지대에 있다. 나는 이 고아원을 꼭 한번 가보고 싶었다. 내가 태어난 곳에서 가깝기 때문이다. 우리는 고아원에 가서 동화책과 곰 인형을 나눠주면서 지금까지 그곳을 방문한 손님이 아무도 없다는 사실을 알고 깜짝 놀랐다!

내가 엄마랑 떠날 채비를 하자 예니벨이라는 여자애가 그사이에 정이 들었는지 나를 꼭 껴안고 울면서 이렇게 말했다.

"애너 언니, 우리 안 잊을 거지? 또 올 거지?"

나 역시 아기 때 고아원에 들어갔다면 같은 처지가 될 수 있었다. 그렇게 생각하자 예니벨의 말이 내 마음속 더 깊은 곳으로 파고들었다. 나는 고아원 아이들을 위해 무엇이든 해야겠다고 결심했다.

나는 내가 누리는 많은 것을 당연하게 여기며 살아왔다. 나에겐 정말 멋진 부모님이 계시다. 내가 가는 길이라면 최선을 다해 지원해주시는 분들이다. 그 덕분에 훌륭한 교육을 받았다. 나는 고아원을 방문하고 돌아오면서 생각했다. 내가 지닌 이 모든 것을 고아원 아이들도 누릴 수 있으면 좋겠다고. 그곳 아이들은 동화책이나 테디베어보다 더 많은 것을 필요로 하고 있었다. 내가 열심히 노력한다면 고아원 아이들에게 실질적인 도움이 될 거라는 생각이 들었다.

나는 고아원 소녀들이 더 나은 교육을 받고 더 나은 삶을 살도록 돕겠다는 목표로 '페루 사랑Peruvian Hearts'이라는 단체를 세웠다. 현재 '페루 사랑'이 일상생활에 꼭 필요한 도움을 주는 고아원 소녀가 27명에 이른다. 우리는 이 아이들에게 음식은 물론, 치과 치료와 심리 치료 같은 의료 서비스도 제공한다. 심지어 소녀들이 사립학교에 다니면서 과외 수업까지 받을 수 있도록 지원한다. 아울러 고아원 내에 영어교실과 함께 컴퓨터실도 마련했다.

고아원에 일어난 변화는 또 있는데, 역시 극적이고 의미심장한 변화라고 할 수 있다. 아이들은 장막으로 반쯤 둘러친 안뜰에 모여서 밥을 먹는 게 보통이었다. 오리가 떼를 지어 꽥꽥거리며 오가는 곳이다. 음식을 준비하는 주방은 비좁은 데다 환기구도 없어서 아궁이에 불을 때면 자욱한 연기가 금세 들어차버린다. 사실 고아원 소녀들 대부분이 안질을 앓는 건 환기가 안 되는 주방 때문이다. 비바람이라도 부는 날이면 안뜰에서 주방으로 대피해 식사하느라 밥이 어디로 넘어가는지 모를 지경이었다.

우리는 수많은 단체들과 기부자들의 도움으로 현대식 주방과 널따란 식당을 세울 수 있었다. 이 공간은 고아원의 중심지가 되었다. 깨끗한 온수가 나오는 현대식 화장실도 만들었다. 이 모든 것은 아이들이 인간으로서 존중받으며 건강하게 자랄 수 있는 환경을 조성하기 위해서였다.

'페루 사랑'은 고아원 소녀들을 지원하는 한편, 매일 학생 수백 명에게 점심 식사와 영양제를 제공한다. 이들은 두 시간씩 걸어서 학교를 오가는 친구들인데, 적절한 영양 공급으로 수업 집중도와 학습 효율이 높아졌다고 한다. 교육이야말로 빈곤의 악순환을 끊을 수 있는 가장 결정적인 요소라고 할 수 있다. 하지만 제대로 먹지 않고서는 제대로 교육받는 게 어려울 수밖에 없다.

'페루 사랑'은 지원하는 방식을 결정할 때, 가능하면 널리 돕는 것보다 깊이 돕는 것을 추구한다. '페루 사랑'은 2011년 여름에 '페루의 미래'라는 새로운 사업을 출범시켰다. 내가 몇 년 동안 꿈꾸던 사업이었는데, 마침내 결실을 맺게 된 것이다. 나는 이 사업을 통해 고아원 소녀들이 한층 풍요로운 삶을 살아갈 뿐 아니라 새로운 인생을 개척하는 실질적인 수단을 얻고 나아가 가족의 인생까지 변화시킬 수 있는 힘을 키울 것으로 기대한다.

'페루의 미래' 사업의 목표는 멘토의 도움을 받으면서 자기 자신을 사랑하는 마음을 키우는 동시에 남을 돕는 역량까지 기르게 하는 것이다. 소녀들에게 수준 높은 중등교육은 물론, 고등 직업교육 또는 대학 진학 기회까지 부여한다. 이렇게 제대로 교육을 받아야 훌륭한 일자리를 얻어서 품위 있는 인생을 누릴 수 있다고 믿는다.

소녀들은 하나같이 전문 직업인이 되기를 간절히 소망한다. 그래야 다른 자매가 학교에 다니도록 뒷바라지하거나 식구들이 인간답게 살 수 있게 금전적으로 도울 수 있기 때문이다. 소녀들이 공부하길 원하는 분야는 토목공학, 의학, 간호학, 회계학, 법학, 호텔 경영, 관광업, 미용술 등이다.

'페루 사랑'에겐 또 다른 사명이 있다. 청소년들로 하여금 인류애를 고취해서 봉사하는 삶을 살도록 이끄는 일이다. 나는 청소년들을 상대로 강연하는 것을 아주 좋아한다. 이 세상에 긍정적인 변화를 일으키기 위해 어른이 될 때까지 기다릴 필요는 없다는 사실을 가르칠 수 있기 때문이다. 나는 누구든지, 한 번에 아주 조금씩이라도, 세상을 변화시키는 힘이 있다고 믿는다.

나는 '페루 사랑'을 운영해오면서 내 인생에 심오하고도 결정적인 영향을 많이 받았다. 깨달은 것이 아주 많다. 가장 중요한 교훈은, 아무리 속수무책인 것처럼 느껴지는 상황이라도 여전히 희망은 있다는 사실이다. 나는 하루아침에 세상을 바꿀 수 없다는 걸 잘 안다. 나 혼자서 바꿀 수 없다는 것도 잘 안다. 하지만 여러 사람이 힘을 모으면 변화가 실제로 일어난다고 확신한다.

테레사 수녀는 이런 말을 남겼다. "만약 당신이 백 명을 먹일 수 없다면, 단 한 사람을 제대로 먹이세요." 나는 이 말을 신조로 삼아서 '페루 사랑'을 이끌어왔다. 조그만 변화를 이루는 것도 대단히 중요하다는 걸 깨닫는 과정이었다. 수많은 사람들이 각자 촛불을 한 개씩 켠다면, 그 작은 빛이 모여서 온 세상을 환한 빛으로 가득 채울 수 있을 것이다.

작은 변화가 모여서 커다란 충격을 일으킨다!

애너는 '페루 사랑'을 세우고 조그만 변화와 작은 행동을 한데 모아서 소외된 어린이들의 일상에 어마어마한 영향을 미치고 있다. 커다란 목표를 이루고 싶다면 작은 실천부터 시작하자. 그리고 내가 누리는 모든 것을 당연하게 여기지 말자. 남을 돕는 길은, 아니 여러분이 목표에 도달하는 것은 결국 작은 발걸음 하나로 시작되는 법. '페루 사랑' 홈페이지에 들르는 것으로 그 첫걸음을 내딛어보자. www.PeruvianHearts.org

낯선 사람과 한 식구 되기

한나 카츠

내 인생에는 세 부류의 사람들이 있는 것 같다. 낯선 사람들, 친구들, 그리고 가족이다. 그런데 어찌 된 일인지, 짐바브웨 시골 마을로 가는 길에 세 부류를 나누는 구분선이 사라지고 말았다. 처음 만난 사람들이 전부 친구가 되고, 그렇게 친구가 된 사람들이 모두 가족이 되었기 때문이다.

우리 아빠가 친구인 마크 그래쇼의 자선활동에 동참하기 시작한 것은 내가 아홉 살 때였다. 아빠 친구는 '미국과 아프리카 어린이들의 우정'이라는 단체를 이끌고 있었다. 책이나 학용품을 아프리카 지역에 기부하는 등 다양한 사업을 펼치는 단체였다. 당시에 내가 일으킨 변화란 꽁지머리를 혼자 힘으로 묶을 수 있게 되었다는 것 말고는 없었다. 따라서 다른 사람의 인생을 변화시킨다는 것은 상상도 못 할 일이었다. 하지만 부모님이 지구를 반 바퀴나 돌아서 남아프리카에 위치한 짐바브웨라는 나라에 가자고, 거기 학교에 가서 봉사활동에 참여하자고 했을 때, 나는 한순간도 망설임 없이 그러겠다고 대답했다.

솔직히 말해서 나는 여행을 통해 무엇을 얻겠다는 기대가 전혀 없었다. 그래서 심심풀이 잡지를 옆구리에 끼고 비행기에 올랐다. 나는 남아프리카로 향하는 기내에서 이렇게 썼다. '그곳 사람들이 사는 모습을 보고 놀라지나 않을까, 내가 도울 게 아무것도 없으면 어떡하나 걱정스럽다.'

나한테 어떤 일이 주어질지 대략은 알고 있었다. 내가 궁금한 것은 그곳 사람들이 변화를 필요로 하지 않으면 어쩌나 하는 것이었다. 그들은 내가 만난 인류 가운데 가장 당당하면서도 친절한 사람들이었기 때문이다.

짐바브웨 곳곳을 여행하고 사파리 구경도 마친 다음에 우리 가족이 찾아간 곳은 스와지였다. 불라와요 시에서 한 시간 정도 떨어진 시골 마을이었다. 우리는 마크 아저씨의 친구 한 명을 통역 겸 가이드로 삼아서 스와지 안에 있는 ORAP 센터에 머물렀다. ORAP는 마크 아저씨의 단체와 결연을 맺고 책이나 옷 같은 생활 물자를 사정이 열악한 시골 마을 사람들에게 전달하는 비영리 단체 '진보를 향한 지역연합Organization of Rural Associations for Progress'의 줄임말이다. 이 멋진 단체는 짐바브웨 곳곳에 여러 지부를 거느리고 질병 관리와 AIDS 치료, 식량, 교육, 일자리 등을 지역 주민들에게 제공한다.

나는 ORAP 같은 단체들이 활동하는 나눔의 현장을 지켜보면서 큰 충격을 받았다. 가난과 불행으로 온통 휩싸인 나라인데도 세상을 살기 좋은 곳으로 만드는 일에 온몸을 내던지는 사람들이 그렇게 많다는 사실을 두 눈으로 보면서도 믿기 어려웠다. 그들은 나에게 많은 영감을 불러일으켰다. 나는 진심으로 고마웠다. 아직도 세상에 선善이 존재한다는 사실을 깨우쳐준 사람들이었다.

ORAP 센터에서 우리가 머문 집은 시멘트 담벼락과 1인용 침대 몇 개, 변기 없는 화장실 두 칸, 물이 펑펑 쏟아지는 호사를 더 이상 누릴 수 없는 샤워실 두 칸, 얼기설기 엮어서 황소바람이 들이치는 초가지붕이 전부였다. 물론 전기 사정도 안 좋았다. 하지만 나는 조금도 불평하지 않았다. 오히려 마을을 이루는 여느 집보다, 심지어 학교보다도 훨씬 좋다는 사실만 힘주어 말했다. 예를 들어, 학교 화장실은 야외에 지어놓은 시멘트 건물로 환기구조차 없이 땅바닥에 구덩이 몇 개를 파놓은 게 전부였다. 짐바브웨 아이들이 갖은 병치레로 고생하는 건 이처럼 시골 마을의 위생 상태가 엉망이기 때문이다.

우리가 방문한 학교들은 시설은 낙후했지만 가는 곳마다 사람들이 두 팔을 활짝 벌려 환영해주었다. 특히 얼마나 많은 음식을 내오는지 입을 다물 수가 없었다! 사회자가 우리를 소개하고 나면 합창단이 나와서 환영의 노래를 부르며 우리와 함께 춤을 추었다. 우리가 그런 모습을 흉내 내면 사람들은 숨 넘어가듯 깔깔대면서 발을 마구 굴렀다. 지구 반대편에서 사는 이 친구들은 사실 아무것도 가진 게 없었다. 하지만 우리 동네 아이들과 다를 바가 전혀 없었다. 정말 놀라웠다. 목이 터져라 노래 부르고 정신없이 춤을 추는 걸 정말 좋아하는 친구들이었다.

사람들은 노래와 함께 음식으로 우리를 환대했다. 새로 사귀는 친구마다 나한테 먹을 것을 못 줘서 안달이었다. ORAP 센터는 아침마다 성대한 식사를 차려주었다. 얼마 안 있어 10시가 되면 티타임이었고, 12시에는 점심을 먹었으며, 저녁이면 또 식탁에 앉아야 했다.

어떤 학교에서는 엄마랑 내가 선생님들 숙소를 방문한 적이 있었다. 말이 숙소이지 단칸방에 불과했다. 선생님들은 옥수수 요리를 손수 만들어 주었다. 우리는 감사히 받아먹었다. 하지만 이내 후회하고 말았다. 그날 저녁 식사로 선생님들이 먹어야 하는 옥수수를 우리한테 몽땅 내주었다는 걸 알았기 때문이다. 옥수수에서는 양초 냄새가 났다. 떠날 때가 되자 선생님들은 선물이라면서 남은 옥수수를 자루째로 안겼다. 짐바브웨 풍습에서 다른 사람의 저녁 식사를 대신 먹어치우는 것보다 더 나쁜 것은 선물을 거절하는 것이라면서 말이다. 우리는 옥수수 선물을 가지고 ORAP 센터로 돌아와서 직원들한테 나눠주었다.

나는 여행과 식사를 반복하면서도 틈날 때마다 선생님들과 나이 많은 학생들을 대상으로 시력검사를 했다. 안경이 필요한 사람이 있는지 확인하기 위해서였다. 우리는 필요한 사람에게 안경을 전달하는 사업을 펼치던 터였다. 나는 시력검사를 진행하는 한편 나이 많은 학생들과는 우정을 상징하는 팔찌를 만들고 나이 어린 학생들과는 카드 맞추기 놀이를 하면서 짐바브웨 생활양식의 진면목을 느낄 수 있었다. 놀랍게도 나는 그들의 단순한 생활이 무척 부러웠다. 허망한 꿈을 꾸지 않는 사람들, 뉴욕은 별나라에 있는 걸로 아는 사람들, 진흙탕에서 (운이 좋으면 축구화를 신고) 축구를 하는 사람들.

스와지에서 보내는 마지막 날, 우리 봉사단 전원은 '스카치 카트'라고 부르는 바퀴 두 개짜리 달구지에 몸을 싣고 초등학교 한 곳을 찾았다. 우리는 덜컹거리는 달구지에 실려서 한 시간이나 고생한 뒤에야 그곳에 도착할 수 있었다. 성질이 나쁜 당나귀 두 마리를 앞세우고 목적지에 안전하게 도착한다는 것은 기적이나 다름없었다!

우리가 도착하자 조그만 아이들이 전부 몰려나와 이미 귀에 익은 환영의 노래를 목청껏 불러주었다.

"우리는 언제나 함께합니다. 우리는 한 가족이에요. 우리는 서로 사랑하지요. 그래요, 우리는 서로 사랑한답니다. 한 가족이니까요."

이번 봉사활동을 통틀어 가장 감명 깊은 순간이었다. 그곳에서 살아가는 학생과 어린이 그리고 주민들 모두를 도울 수는 없다 해도, 그래도 나는 그곳 사람들과 한 가족이라고 느꼈다.

나는 짐바브웨 사람들이 가족을 정의하는 방법이 옳다고 생각한다. 가족은 피를 나눈 것을 뛰어넘는 의미를 지니기 때문이다. 짐바브웨에서는 이웃도 가족이고, 떠돌이 강아지도 가족이고, 농사의 신도 가족이다. 성직자도 가족이고, 양털로 짠 모자도 가족이고, 새로 받은 교과서도 가족이다. 무엇보다 나 역시 그들의 가족이다. 나는 이번 여행을 통해 완전히 새 사람이 되어 집으로 돌아왔는지 잘은 모르겠다. 다만, 나를 가족으로 여기는 사람들이 더 나은 삶을 사는 데 내가 조금이라도 이바지했기를 바랄 뿐이다.

경험을 활용하라!

한나는 '키즈 헬핑 키즈' 코네티컷 지부의 회원이다. 한나가 자원봉사 여행에서 경험한 것처럼, 여러분도 나날이 맞닥뜨리는 예기치 못한 사건과 인간관계에 대해 마음의 문을 활짝 열어야 한다. 그러면 새로운 사람을 사귈 수 있고, 계획에 없던 경험을 할 수 있으며, 뜻밖의 선물을 받을 수도 있다. 그렇게 해서 새로이 얻게 된 모든 것을 동원해 선한 사업을 펼치도록 하자. www.KidsHelpingKidsCT.org, www.TheChildrensFellowship.org

우리가 마시는 물에는 무엇이 들었을까?

조딘 샤라

여러분이 집에서 마시는 물 속에 누군가의 피임약이나 심장약, 심지어 항생제 성분이 들었다는 사실을 알게 된다면 기분이 어떨까? 나는 내가 사는 위스콘신 주에서 이런 일이 일어난 사실을 알게 되었고, 그래서 행동에 나섰다. 내 이야기를 여러분에게 들려주기에 앞서, 내가 조사하는 과정에서 발견한 사실 몇 가지를 먼저 밝혀둔다.

★ 미국 지질연구소가 미국 전역을 대상으로 139개에 이르는 강물을 채취해서 실험한 결과, 의사의 처방이 필요한 의약품이나 호르몬이 검출되었다. 성분별 수치가 기록으로 남았다.

★ AP통신의 탐사보도에 따르면, 항생제나 항경련제, 여드름 치료제, 신경안정제, 성호르몬 등등 온갖 약품 성분이 미국인 4,100만 명에게 공급하는 식수에서 검출되었다. 이는 과학 보고서 수백 건에 대한 문헌 조사, 연방 식수 데이터베이스에 대한 분석, 환경 조사

시설과 오수 처리장 현지 취재, 230명이 넘는 공무원과 연구자 인터뷰를 통해 나온 내용이다.

★ 우리가 사는 지구는 70%가 물로 이루어졌지만, 이 가운데 사람이나 동물이 마실 수 있는 깨끗한 물은 겨우 1.5퍼센트에 불과하다. 이렇게 양이 적은 식수가 처방약이나 일반 의약품으로 오염되고 있는 것이다. 이는 사람들이 변기나 싱크대, 쓰레기통에 의약품을 쉽게 버리기 때문이다. 하지만 미국 환경보호국EPA은 과거 오수 처리시설에 의약품 성분을 제거하는 기능이 없다는 사실을 분명히 밝힌 바 있다.

★ 연방 정부는 식수에서 의약품 성분을 검출하기 위한 실험을 요구하지도 않고 허용 수치를 제시하지도 않는다. 따라서 물병에 담긴 식수를 마시거나 가정용 정화시설을 이용하는 사람들 역시 의약품이 섞인 물을 마실 수 있다. 수돗물을 그대로 병에 넣어 판매하는 업자들도 있는데, 의약품 성분의 수치를 확인해서 정수 처리하는 업자들은 없다고 보는 게 좋다.

★ 수질 오염은 미국에 국한된 문제가 아니다. 전 세계 곳곳에 있는 상수도관에서 100가지가 넘는 약품 성분이 나왔다. 물고기나 새우가 정수 처리를 하지 않은 폐수에 노출되는 경우 수명이 줄어든다는 중국 쪽 연구 결과도 있다. 노르웨이에서는 대서양 연어가 북해에서 에스트로겐에 노출된 결과 생식 기능에 문제가 발생했다는 연구 결과가 나오기도 했다.

★ 지금까지 언급한 이 모든 문제로 인해, 사람이건 동물이건 의약

> 품 성분을 제거하지 않은 폐수에 노출되는 경우 충격적인 결과를 경험하게 된다고 최근 연구는 지적한다. 인간의 경우, 미량의 의약품에 노출되어도 유방암이 더욱 급격히 진행될 수 있고 콩팥 세포가 너무 느리게 자라거나 혈액 세포에 염증이 일어날 수도 있다. 동물의 경우 물고기를 예로 들면 수컷 물고기는 여성화하고 암컷 물고기는 남성화한다는 연구 결과가 있다.

학자들이 의약품에 의한 식수 오염의 심각성을 꾸준히 연구하는 반면, 우리 정부는 이 문제를 적극적으로 예방하지 않음으로써 결과적으로 국민의 건강을 해치고 있다. 나는 이와 같은 위험성에 맞서기 위해 문제의 심각성을 알리는 동시에 독성 약품으로부터 안전하게 물 마시는 방법을 지역 사회에 널리 전하기로 결심했다. 그리하여 '위스콘신 처방약품 및 약물 수거사업Wisconsin Prescription Pill and Drug Disposal', 줄여서 WI P2D2를 추진하게 되었다. 이는 10대 청소년들이 주도하는 의약품 수거 사업인데, 아무렇게나 버린 의약품으로 인해 우리가 마시는 식수가 회복 불가능하게 오염되는 일이 없어야 한다는 뜻으로 출범했다.

우리가 이 사업을 시작하기 전까지만 해도, 약사와 의사 그리고 미국 정부는 의약품을 배수구에 쏟거나 변기에 넣고 물을 내리거나 쓰레기통에 던지라고 권유했다. 하지만 하나같이 환경을 심각하게 파괴하는 처리법이다.

나는 두 가지 결과를 기대하면서 WI P2D2를 펼치고 있다. 1)함부로 버린 약품 탓에 지하수가 오염되면 양서류에서 기형이 발생할 수 있고, 사람도 원인 불명의 유전 질환에 걸릴 수 있다. 이런 사실을 세상 사람

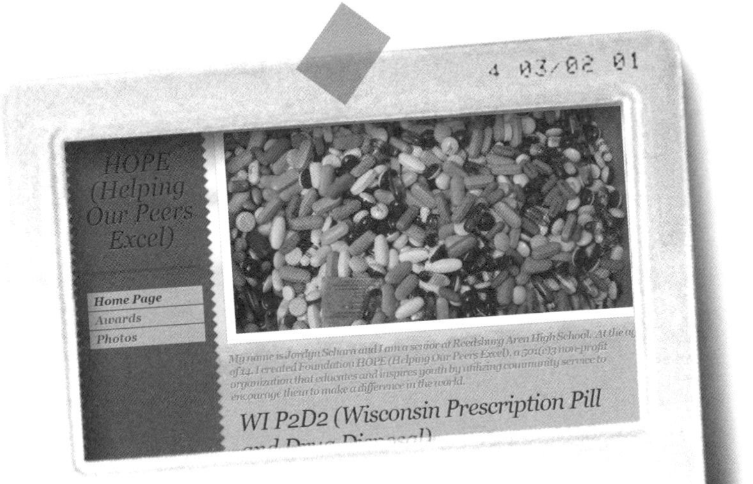

'위스콘신 처방약품 및 약물 수거사업' 홈페이지
www.HelpingOurPeersExcel.com

들에게 알리고 싶다. 2)약품을 안전하게 버리는 방법에 대해 널리 알리고 싶다. 우리 주 정부나 연방 정부는 이런 위험이 존재한다는 사실조차 인정하지 않고 있으며, 따라서 약품을 제대로 처리하는 방법이 무엇인지, 일상생활에 미치는 영향이 얼마나 심각한지 우리에게 설명해주기를 기대하기란 어렵기 때문이다.

그런데 WI P2D2를 펼쳐야만 하는 더욱 긴박한 이유가 생겼다. 그것은 바로 우리 가정에 있는 구급약 상자가 약물 남용의 새로운 진원지가 되고 있다는 사실 때문이었다. 부모님을 비롯한 어른들이 아무렇게나 내버려둔 처방약과 일반 의약품이 최근 미국 청소년들 사이에서 약물 오남용 문제를 일으키고 있다. 연구 결과에 따르면 코카인이나 헤로인, 메스암페타민 등 마약보다 처방약을 오남용하는 사람이 더 많은데, 이들은 대부분 10대 청소년이다. 나는 이처럼 나라 전체에 심각한 영향을 미치는 문제를 파악하고부터 모든 의약품을 합당한 방법으로 처리하는 것이 중요하다는 사실을 한층 절실하게 깨달았다.

나는 WI P2D2를 출범시키면서 마약단속국, 천연자원부, 환경보호국, 법무부 등 연방 정부의 여러 기관과 접촉했다. 하지만 이처럼 심각한 잠재적 위험을 파헤치기로 하거나 우리 사업에 관심을 기울이고 도우려는 정부 부처는 단 한 곳도 없었다. 그래서 나는 내가 사는 동네부터 시작해서 의약품 수거를 위한 시민운동의 기초를 다지기로 했다. 이는 기념비적인 운동이라고 할 수 있다. 처방약을 수거하거나 다른 사람한테 건네받는 행위 자체가 불법이기 때문이다. 게다가 이렇게 쌓인 약물을 제대로 처리하려면 막대한 비용이 들어간다.

나는 약물 수거사업의 세부 실행계획이 나오자마자 관할 경찰서장을 찾아갔고 시의회에서 설명회도 열었다. 의원들은 내가 설명을 모두 마치자 우레와 같은 박수갈채로 호응했고 사업을 진행하는 데 필요한 예산을 지원했다.

우리는 지역 병원과 약국, 시민단체와 주요 기업, 학교 등을 돌면서 설명회를 열고 자원봉사자를 모집했다. 그런 다음 안내지와 소책자를 만들어 곳곳에 뿌리면서 기부금 모금활동에 들어갔다. 포스터도 만들고 간판도 디자인했다. 재미도 주고 관심도 끄는 티셔츠까지 만들었다. 그러나 내가 WI P2D2를 홍보하면서 가장 큰 효과를 본 것은 '약병 필Phil the Pill

Bottle'이라고 이름 붙인 마스코트를 선보였을 때였다. 짐작한 대로 '약병 필'은 엄청난 인기를 누렸다!

WI P2D2는 급속도로 성장했다. 그래서 더 많은 돈이 필요했다. 우리는 다양한 방법을 모색한 끝에 정부 지원금이 최선이라는 판단을 내렸다. 정부 지원금은 은행 대출금처럼 이자를 쳐서 되갚아야 하는 돈이 아니기 때문이었다. 우리는 자랑스럽게도 위스콘신 주 정부로부터 약물 관련 지원금을 받은 최초의 청소년 단체가 되었다! 재정적인 지원이야말로 WI P2D2가 막중한 임무를 수행하는 데 필수적인 요소다.

우리는 위스콘신 각지에서 여러 차례에 걸쳐 약물 수거 행사를 벌이고 주삿바늘이나 수은주 온도계를 무료로 처리하는 사업도 펼쳤다. 그 결과 지금까지 400톤이 넘는 약품이 지하수로 스며들지 못하도록 수거했다. 우리는 의약품 수거함도 몇 개 구해서 자원봉사 학생들과 함께 예쁜 그림으로 꾸민 다음 곳곳에 설치했다. WI P2D2로 인해 위스콘신의 여러 도시가 의약품 소각시설을 확보할 수 있었다. 그 결과 개인이 의약품을 처리하는 데 지불하는 비용을 아낄 수 있었다. 아울러 같은 사업이 미국 각지에서 일어날 수 있도록 지원하는 역할도 맡았다. 한마디로 청소년 주도 의약품 수거 사업의 국가적 모델로 자리 잡은 것이다. WI P2D2는 이미 약물 수거사업을 진행하던 일리노이 주의 열정적인 과학교사들과 힘을 합치기도 했다.

이 글을 쓰는 지금 이 순간, WI P2D2는 전국 각지로 퍼져 22개가 넘는 주에서 진행되고 있다. 내 작은 호기심에서 시작한 단체가 청소년이 주도하고 자립적인 운영이 가능한 세계 최대 조직으로 발돋움한 것이다!

다시 한 번 묻는다. 여러분이 마시는 물에는 무엇이 들었을까?

소망을 현실로 이루자!

조딘은 '위스콘신 처방약품 및 약물 수거사업'을 처음 시작한 인물이다. 나눔 사업에 필요한 기금을 조성하거나 지원금을 받고 싶다면 조딘이 걸어온 길에서 힌트를 얻자. 여기서 지원금이라 함은 정부 부처나 자치단체, 민간 재단 등이 가치 있는 사업을 펼치는 개인이나 단체를 돕기 위해 주는 돈을 말한다. 여러분이 펼치는 사업과 관련해서 어떤 지원금을 받을 수 있는지 찬찬히 살펴보고 적극적으로 요청하자. 잃을 것은 아무것도 없고 얻을 것은 아주 많다! 조딘의 수많은 사업을 더 알아보고 싶다면 이곳을 참고하자.
www.HelpingOurPeersExcel.com

살아서 펄펄 뛰는 인생

데이비드 카파타

나는 얼마 전까지만 해도 잠비아라는 나라의 수도이자 최대 도시인 루사카에서 '풀뿌리 축구GRS' 코치로 일했다. 하지만 지금은 GRS 잠비아 지부에서 사업기획자로 일하고 있다. 내가 헌신하는 GRS는 아프리카 젊은이들에게 축구를 바탕에 둔 다양한 활동을 통해 HIV(인체 면역결핍 바이러스)와 AIDS(후천성 면역결핍증)를 예방하는 법과 건강하게 살아가는 법을 가르치는 비영리 단체다. 나는 이런 활동에 몸담고 살아오면서 소중한 교훈을 많이 얻었다. 그 덕분에 인생의 역경을 바라보는 관점도 완전히 바뀌었다.

어머니는 내가 아홉 살일 때 돌아가셨다. 어머니가 세상을 뜨기 전 몇 달 동안 우리 가족은 엄청난 심리적, 재정적 고통을 당해야 했다. 물론 나는 어머니가 AIDS로 인한 질병으로 고통받는 사실을 온전히 이해하기에 너무 어렸다. 하지만 다른 사람들이 우리 어머니가 겪은 고통을 안 겪을 수 있다면 무슨 일이든 하겠다고 결심한 것은 바로 그때였다.

어머니가 돌아가시고 7년 뒤, 당시 일곱 살에 불과했던 여동생 역시 AIDS 합병증으로 목숨을 잃었다. 여동생의 때 이른 죽음은 나에게 풀기 힘든 숙제를 너무 많이 남겼다. 가슴이 찢어지는 것처럼 고통스러웠다. 여동생이 그토록 어린 나이에 손쓸 겨를 없이 세상을 떠난 까닭을 이해할 수 없었기 때문이다.

내가 GRS에서 일하게 된 것은 어쩌면 운명이 아닌가 싶다. 어머니와 여동생을 잃은 내가 청년들을 교육하고 역량을 강화함으로써 HIV와 AIDS의 확산을 막는 데 기여하고 있으니 말이다.

나는 어릴 적부터 운동을 아주 좋아하는 학생이었다. 누가 바깥에서 놀자고 부르면 한순간도 머뭇거리지 않고 달려 나가는 성격이었다. 그래서 처음으로 GRS 프로그램에 참여한 바로 그날, 이 일은 내 일이라는 확신이 생겼다. 특히 당시 프로그램을 진행한 코치들의 열정적인 모습은 무척 감동적이었다. 나도 코치들과 함께 일하면 정말 좋겠다고 생각했다.

내가 학업을 마치자 GRS 코치들은 칠렌제 지구 내 청소년 센터에서 진행하는 GRS 또래교육에 참가하라고 등을 떠밀었다. 나는 이곳에서 훈련을 받고 '스킬즈skillz' 코치가 되었다. '스킬즈'란 청춘 남녀들이 위험을 피하고 건강을 유지할 수 있도록 기본적인 생활 수칙을 가르치는 교육과정을 말한다. 나는 '스킬즈' 코치가 되는 과정에서 HIV와 AIDS에 얽힌 고통스러운 개인사를 수많은 사람 앞에서 이야기했다. 쉽지 않은 일이었지만, 내면적 역량을 키우는 데 큰 도움이 되었다고 생각한다.

나는 지난 여섯 해 동안 GRS에서 일하는 내내 일신상의 편안함을 뒤로하고 끊임없이 도전했다. 그 결과 다행스럽게도 여러 분야에서 전문가

'풀뿌리 축구' 홈페이지
www.GrassrootSoccer.org

로 활동할 수 있는 역량을 키웠다. 하지만 가장 중요한 전환점이 된 것은 HIV로 고통받는 어린이들의 요양시설에서 도와달라는 요청을 받았을 때였다. 나는 요양시설 내부로 들어가면서부터 신경이 잔뜩 곤두섰다. 그곳 아이들과 눈이 마주칠 때마다 세상을 떠난 여동생이 자꾸만 떠올랐다. 여동생이 건강을 지키는 법을 배울 수 있었다면 어땠을까, 그래도 같은 운명으로 같은 고통을 당했을까, AIDS를 앓더라도 목숨을 부지할 수는 있었을까… 이런저런 생각이 꼬리에 꼬리를 물었다.

어쩌면 내가 여동생의 죽음을 겪은 사람이기 때문에 이제는 같은 처지에 놓인 아이들과 대화도 나누고 위로도 건넬 수 있는 게 아닌가 싶다. 나는 HIV와 AIDS가 나날이 살아가는 내 생활의 일부라는 사실을 받아들였다. 그래서 두려움에 벌벌 떠는 패배자가 되기보다 분명한 목표를 세우고 내가 사는 마을에서부터 변화를 일으키기로 마음먹었다.

나는 GRS에서 일하는 동안 끊임없이 실력을 다지고 의지를 키웠다. GRS는 확신을 가지고 앞으로 나아갈 수 있는 곳, 나를 올바른 방향으로 이끌어주는 곳, 나도 세상을 바꿀 수 있다는 자신감을 심어주는 곳이다. 나는 GRS에서 일하는 법을 배웠고, 덕분에 내가 하고 싶은 일이면 뭐든지 할 수 있게 되었다. 지금 나는 우리 마을의 젊은 친구들이 자기 인생을 긍정적인 방향으로 바꾸도록 돕는 일에 매진하고 있다.

특히 바클레이 은행의 사회공헌 사업인 '스포츠를 위한 터전'은 나에게 삶을 새롭게 바라보는 기회를 선사했다. 바클레이 은행과 GRS는 루사카에서 긴밀한 협력관계를 맺고 '청년을 위한 스킬즈' 사업을 공동으로 펼쳤는데, 이를 통해 지역사회 모범 청년 100명과 프로그램 참가 청소년 1만 6,000명, 주민 10만 명을 하나로 뭉치게 할 수 있었다. 나는 GRS 활동에 헌신한 결과 '스포츠를 위한 터전'에 보조 기획자로 참여하는 영광을 처음으로 누렸고, 지금은 담당 기획자로 활동 중이다.

나는 GRS 활동을 통해 경험을 쌓은 결과, 훨씬 집중적이고 단호하며 헌신적인 삶을 살아갈 수 있게 되었다. 젊은 친구들도 내 이야기를 접하고 영감을 얻어서 도전 정신을 키우면 좋겠다. 자기가 살고 있는 공동체에서부터 변화를 일으키겠다는 열정을 키우면 좋겠다.

비극을 딛고 승리의 영광을!

데이비드는 GRS 잠비아 지부의 사업기획자다. 여러분도 데이비드의 가족처럼 끔찍한 슬픔을 겪을 수 있다. 하지만 영원히 좌절해선 안 된다. 고통으로부터 가르침을 구하자. 더 나은 삶을 위한 자양분으로 삼자. 오늘날 청년 수천 명을 교육하는 사람으로 우뚝 선 데이비드처럼 여러분도 인생의 아픔과 시련을 디딤판으로 삼아서 자기 삶은 물론 타인의 삶까지 개선하는 일에 힘쓰도록 하자.

www.GrassrootSoccer.org

심장병 어린이에게 새 생명을

사라 클렌더

우리 클렌더 집안은 친구들한테 생일 선물을 안 받는 게 전통이다. 그래서 나를 비롯한 형제자매는 선물 대신에 우리가 돕는 나눔 단체에 기부해달라고 부탁한다. 다섯 살이 되기 전까지, 우리한테 선물하고 싶은 친구들은 무조건 지역 푸드뱅크에 기부해야 했다. 하지만 다섯 살이 지난 뒤로는 친구들이 누구를 어떻게 도울지를 우리 스스로 결정했다. 예를 들어, 나는 유방암 연구를 위해 기부금을 모은 적이 있고, 여동생은 뉴올리언스를 강타한 허리케인 카트리나로 인해 산산이 부서진 도서관에 건네려고 책을 모았으며, 형제자매가 힘을 모아서 피해 지역 아이들에게 전달할 학용품을 기부받기도 했다.

내가 여덟 살이 되던 해에는 우리 형제자매 모두가 나눔 단체 한곳에 뜻을 모으기로 결정했다. 그곳은 바로 우리가 스스로 세운 '새 생명을 선물하는 키즈헬핑키즈Kids Helping Kids Fix Broken Hearts'였다. 이 단체를 설립한 것은 2008년이었다. 잠깐! 내가 너무 앞서가는 것 같다. 좀 더 자세히 설립 과정을 설명하고 넘어가야겠다.

우리 가족이 여행 차 멕시코에 갔을 때였다. 하루는 플라야 델 카르멘이라는 도시에서 가장 가난한 지역에 위치한 작은 병원을 방문할 기회가 있었다. 그런데 병원 내부 한쪽 벽면이 어린이 사진들로 뒤덮여 있는 게 아닌가. 우리는 벽에 사진을 빼곡히 붙여둔 까닭이 뭐냐고 물었다. 그러자 수술비가 없어서 세상 떠날 때만 기다리는 그 지역 심장병 어린이들 사진이라는 대답이 돌아왔다. 우리는 큰 충격을 받았고 어떻게든 도와야겠다는 마음이 강하게 들었다. 우리와 똑같은 아이들인데 수술을 못 받아서 죽다니! 아이들이 느끼는 심정이 어떨지 상상하기도 싫었다. 그런데 이때까지만 해도 병원을 방문한 것이 우리 인생을 송두리째 바꾸는 계기가 될 거라고는 전혀 예상치 못했다.

우리는 집으로 돌아오자마자 아이들의 생명을 지키기 위해 뭔가 하기로 결정했다. 우선 남의 집 강아지를 산책시켜주는 아르바이트부터 시작했다. 이어서 레모네이드 가판대를 펼치고 수술비를 모금했다. 하지만 이 정도로는 아이들 수술비를 충당하기에 턱없이 모자랐다. 아무래도 더 큰 사업을 벌여야 했다. 결국 실용적이면서 값도 저렴한 물건을 팔기로 했다.

우리 형제자매가 '새 생명을 선물하는 키즈헬핑키즈'를 세울 때라고 판단한 것은 이즈음이었다. 우리 집을 대표하는 예술가 에밀리가 단체를 상징하는 로고를 그리고, 나는 단체 명칭을 정했다. 우리는 티셔츠에 로고를 새기는 건 어떠냐는 둥(너무 흔하다), 머그컵에 로고를 새기는 건 어떠냐는 둥(너무 비싸다) 갑론을박을 이어갔다. 그런 식으로 오랫동안 브레인스토밍을 거친 뒤에야 부엌에서 쓰는 행주가 좋겠다고 의견을 모을 수 있었다. 우리는 에밀리가 손수 그린 로고를 찍어서 우리만의 행주를 만들기로 했다.

우리는 그렇게 만든 행주를 한 장에 5달러 받고 팔았다. 처음에는 행주 50장을 주문했다. 모두 팔면 250달러를 멕시코 병원에 보낼 수 있을 거라고 기대하면서 말이다. 그런데 행주 50장이 눈 깜짝할 사이에 모조리 팔렸다. 우리 지역에 있는 한 병원에서는 우리가 나눔 활동을 펼친다는 소식을 듣고 병원에서 개최하는 크리스마스 축하 행사에 참석해 행주

'새 생명을 선물하는 키즈헬핑키즈' 홈페이지
www.KidsFixingHearts.org

를 팔아도 좋다고 연락해왔다. 그 결과, 우리는 일주일 만에 행주를 650장이나 팔았다!

몇 달 뒤에는 어떤 교회에서 강연을 해달라고 초대했고, 우리는 그 자리에서 행주 850장을 팔아 4,000달러가 넘는 기부금을 모았다! 그 주에는 난생처음 만난 사람들한테서 홈페이지를 공짜로 만들어주겠다는 제안을 받았다. 이어 지역 시민단체들이 우리 단체에 대해 이야기해달라고 잇따라 요청했다. 그런 식으로 여섯 달 동안 모금한 액수가 무려 1만 5,000달러에 달했다.

우리는 어린이 13명이 심장병 수술을 받도록 돕기 위해 기부금을 가지고 멕시코로 돌아갔다. 그런데 공항에 내리자마자 백 명도 넘는 사람들이 우리를 에워싸는 게 아닌가! 우리가 기부금을 전달하려고 멕시코로 돌아왔다는 소식을 듣고 몰려든 것이었다. 그날의 하이라이트는 우리가 도움을 주기로 되어 있는 멕시코 아이들과 만나는 순간이었다. 아이들이 고맙다고 인사하는 순간, 우리 마음속에서 기쁨이 마구 샘솟았다!

우리는 미국으로 돌아오면서 마음이 아주 홀가분했다. 이제 할 일을 모두 끝냈다고 생각했기 때문이다. 하지만 잘못된 생각이었다. 우리는 모금 행사를 몇 차례 더 벌이고 나서 '새 생명을 선물하는 키즈헬핑키즈'가 나눔을 펼치는 무대를 멕시코에서 미국으로 옮겨 오기로 결정했다. 우리나라 심장병 어린이들을 돕기 위해.

우리의 나눔 활동이 널리 알려지면서 사업 규모가 급격히 커졌다. 미국에서 사업을 시작한 지 얼마 안 됐는데도 여러 병원과 협력관계를 맺고 전국 각지의 심장병 어린이들을 도울 수 있었다.

우리는 지금 볼티모어에 있는 존스홉킨스 어린이병원과 텍사스에 있는 휴스턴 어린이병원, 세인트루이스 어린이병원, 스포켄 성심병원 등과 손잡고 형편이 어려운 어린이들을 돕고 있다. 이들 병원과 협력하기 시작한 뒤로 미국 11개 주에 사는 어린이 18명과 코스타리카 어린이 1명을 도울 수 있었다.

나는 2011년에 콜스 백화점 주최 '콜스 어린이 돕기' 사업이 수여하는 대학 장학금 1만 달러를 받았다. 같은 해 샌디에이고에서 열린 '올해의 시민운동' 시상식 '작은 나눔' 부문에서 최종 수상 후보에 들기도 했다. 2012년 5월에는 내 동생 에밀리가 푸르덴셜 보험사로부터 사회봉사상을 받은 데 이어 워싱턴DC에서 열린 '올해의 청소년 자원봉사자' 시상식에서 수상자 10명 가운데 한 명으로 뽑혔다.

이 글을 쓰는 지금 이 순간까지, 우리는 나눔의 행주 6,200장을 팔아서 8만 달러에 가까운 기부금을 모았다. 미국 50개 주와 전 세계 36개국에 최소한 한 장 이상 행주를 판매한 꼴이다. 모든 게 지구촌 곳곳에서 수많은 사람들이 도움의 손길을 내밀어준 덕분이다.

세상을 바꾸는 일에 너무 어린 나이란 있을 수 없다. 여러분에게 찾아온 기회를 충분히 살릴 수 있도록 용감하게 덤벼들기만 하면 된다.

받는 것보다 주는 게 좋다!

사라는 '새 생명을 선물하는 키즈헬핑키즈' 공동 설립자다. 사라의 형제자매처럼 여러분도 다음번 생일은 나눔을 실천하는 기회로 삼아보자. 선물을 주기보다 기부금을 꼭 필요한 곳에 보내달라고 식구들이나 친구들에게 부탁하자. 지역 무상급식소에 음식을 전달하거나 어린이 보호시설에 장난감을 보내도 좋다. 선물을 받는 기쁨보다 남을 돕는 기쁨이 더 크다는 사실을 알게 될 것이다! 나눔의 기쁨에 대해 더 많은 것을 배우고 싶다면 사라네 홈페이지를 참고하자. www.KidsFixingHearts.org

윌과 사라(윗줄), 에밀리, 엘리, 토머스(아랫줄)

10장

학교는 멋진 곳이다

우리가 다른 사람들을 위해
지식을 활용하고 선행에 나서는 곳,
거기가 바로 학교다.
인생에 관한 가장 중요한 교훈을 배우는 학교.

사랑스러운 내 '장학생'들

첼시 커크

지난 몇 년 동안 나는 내 영어 수업에 들고 나는 수많은 학생들을 지켜보았다. 사실 어떤 때에는 내 수업이 물레바퀴 같다는 느낌도 들었다. 새로 들어온 학생들이 꼭대기에 오르면 먼저 들어온 학생들은 떠밀려 나가기 때문이다.

나는 워싱턴DC에 있는 마야 안젤루 아카데미에서 교편을 잡고 있다. 나는 대학생 때 '미국을 위한 교육Teach For America'이라는 비영리 교육봉사단 소속으로 이곳에 와서 영어를 가르치다가 아예 교사로 취직했다. 마야 안젤루 아카데미는 '새 출발 청소년 개발원'이라고 불리는 남자 청소년 구금시설 내부에 있다. 우리 학교에 입학한다는 것은 특별한 사정이 있다는 뜻이다. 학생들은 이런 학교에 들어오게 되면 그야말로 만감이 교차할 수밖에 없다. 낯선 곳이 주는 생소함은 물론이고, 정체성과 생활방식, 마음가짐을 완전히 바꾸지 않으면 어엿한 사회인으로 공동체에 돌아가 멋진 미래를 꿈꾸기란 불가능하다는 사실을 깨닫기 때문이다.

내 나이 스물다섯 살. 이 친구들보다 나이가 아주 많은 것도 아니다. 하지만 나는 선생님으로서 내 학생들을 관찰해왔다. 우리 학교에서는 학생을 가리켜 '장학생'이라고 부르는데, 이들은 수준 높은 교육환경에서 훌륭한 어른들의 지도를 받으면 얼마든지 자기 잠재력을 끌어내어 꽃피울 수 있는 친구들이다. 내 이야기는 이곳에서 만난 '장학생들' 가운데 한 친구에 관한 것이다. 내 기억 속에, 아니 내 마음 깊숙이 아주 특별한 존재로 남은 친구다.

처음에 녀석은, 다른 녀석들과 마찬가지로, 앳된 얼굴을 온통 분노로 물들인 채 교실로 들어왔다. 이 장학생은 끊임없이 싸움질을 일삼았다. 새로운 환경에 적응하는 과정, 나아가 이토록 젊은 자기 자신이 대체 누구인지 알아가는 과정이었을 것이다. 새 학기가 시작되고 처음 두 달 동안, 장학생은 반항기를 부리는 것으로 자신이 지닌 지식과 지혜를 뒤춤에 숨겼다. 그렇게 내면적 고민과 외면적 몸부림의 시간을 거치던 어느 날, 마침내 그 순간이 찾아왔다. 인생의 새 장을 열어젖힌 순간이.

우리는 연설문 단원을 공부하던 중이었다. 장학생들은 여러 연설문을 읽으면서 공부했다. 자기 생각을 멋진 글로 다듬어 사람들에게 효과적으로 전달하는 것이 목표였다. 나는 그 단원을 마치면서 장학생들한테 '힘'을 주제로 연설문을 한 편씩 써 오라는 숙제를 냈다.

그런데 이 연설문 숙제를 전환점으로 해서 특별한 장학생은 수업 시간에 활기찬 학생으로 변신했다. 분노는 참여로 바뀌고, 웃음과 활력이 넘쳐났다. 학업 성취도가 하루가 다르게 올라갔다. 과제물 수준도 몰라볼 정도로 높아졌다. 수업 내용을 확실히 이해하는 게 분명했다. 그랬다. 학생으로서, 젊은이로서 전환점을 맞은 것이었다. 모든 선생님들은 모든 학생들에게 이런 순간이 찾아오기를 열망한다.

특별한 장학생은 연설문 쓰고 고치기를 몇 날 며칠 쉼 없이 반복했다. 나한테 도와달라거나 가르쳐달라는 말도 없었다. 결국 아무한테도 연설문을 보여주지 않고 끝내 자기 힘으로 완성했다. 그러고는 이런 제목을 붙였다. '교육의 힘'.

장학생은 연설문에서 다양한 이야기를 풀어냈다. 하지만 핵심은 교육의 중요성이었다. 자기와 같은 젊은이들이 '인생을 헤치고 나아갈 수 있는 강력한 교육'을 받아야 한다고 강조했다. 교육을 제대로 받으면, 좋은 직업을 얻어서 좋은 집을 사고 가족과 함께 행복하게 살 수 있다고 주장하면서 말이다. 이어 가족을 넉넉하게 먹여 살리는 것은 모두가 젊을 때부터 고민해야 한다는 이야기, 지금부터 준비를 잘하면 '급여가 형편없는 직장 때문에' 늙어서 고생할 일은 없을 거라는 이야기도 썼다. 훌륭한 교육만이 성공적인 미래를 보장한다는 것이었다.

나는 그 연설문을 읽으며 속으로 '됐어!' 하고 외쳤다. 교사로서 더 이상 바랄 게 없는 멋진 순간이었다. 나는 장학생이 보여준 변화를 목격하면서 교사가 되기로 결정한 초심을 다시 한 번 되새길 수 있었다.

그 연설문은 내용 구성이나 화려함이라는 측면에서는 부족할 수 있다. 하지만 그보다 중요한 것은, 인생을 살아가는 의미를 새롭게 깨달은 연설문이라는 사실이었다. 나는 그 장학생이 인생으로부터 더 많은 것을 얻어내고자 마음을 고쳐먹은 것이 정말 고맙다. 좋은 교육을 통해 수많은 기회를 움켜쥐겠다는 삶에 대한 욕심을 키운 것이 정말 자랑스럽다. 그 장학생은 자기 생각을, 교육의 힘에 대한 자기 믿음을, 세상 모두가 교육을 중시해야 한다는 주장을 솔직한 목소리로 표현하는 법을 깨우쳤다. 물론 사람들 앞에 나가서 연설할 때도 젊은이답게 자신감이 넘쳤다. 연설문을 완성하기 위해 엄청나게 노력한 자기 자신에 대한 당당함이었다. 스스로 더 멋진 사람이 되었다는 사실, 그래서 삶을 바라보는 관점이 바뀌었다는 사실이 무척 자랑스러웠을 것이다.

셀 수 없이 많은 장학생들이 내 영어 수업의 물레바퀴를 오르내린다. 이들은 대부분 우리나라의 일반적인 교육제도에서 희망을 찾지 못하고 좌절을 맛본 친구들이다. 이런 친구들에게 교육이란 더 이상 인생의 일부도 아니고 인생에 도움이 되는 것도 아니다.

하지만 나는 교사로서 우리 장학생들이 마음을 바꾸어 교육의 중요성을 다시금 진지하게 받아들인다면 더 바랄 게 없다. 진심으로 그렇다. 이 친구들한테 배움이 꼭 필요하다는 마음이 든다면 교사로서 내 인생은 성공한 셈이니까. 내 학생들이 나한테 격려받고 자신이 실은 똑똑한 사람이라는 사실을 깨닫고, 교육이란 인생에서 필수불가결한 요소로 범죄는 멀고 성공은 가까운 삶을 위한 기본이라는 사실을 깨우치면 좋겠다. 나로서는 더 나은 교사가 되었다는 뜻이고, 학교로서는 위대한 승리를 이룩했다는 뜻이기 때문이다.

그 장학생은 연설에서 아주 재미있는 이야기를 했다. 우리 반을 거쳐 간 수많은 친구들을 보면 맞는 말이다 싶은 이야기였다. 그 말인즉슨, 자기 같은 청소년은 어떤 물건을 사건 간에 과시적인 소비를 하는 경향이 있어서 "유명 브랜드에서 만든 신발이나 옷을 보면" 사족을 못 쓴다는 것이다. 이런 고급품을 손에 넣는 것이 삶의 이유라면서 그 친구는 이렇게 말했다.

"여러분, 교육을 받으면 원하는 건 뭐든지 가질 수 있습니다."

연설 끝부분은 내가 가장 좋아하는 대목이고, 듣고서 깜짝 놀란 내용이기도 한데, 교육이 중요한 이유를 이렇게 설명했기 때문이다.

"못된 사람들이 여러분을 속일 수 없기 때문입니다. (…) 아는 게 힘입니다."

교육을 받으면 무엇이 옳고 무엇이 그른지 사리 판단을 할 수 있어서 나쁜 꼬임에 넘어가지 않는다는 것이었다. 특히 청소년들에게 매우 중요한 가르침이 아닐 수 없다.

교육을 받으면 아주 많은 것을 깨닫는 힘이 생긴다. 그렇기 때문에 장학생들이 내 교실에 처음 들어와서 수업을 받기 시작할 때는 상당히 많은 저항이 일어나지만 두루 인내하면서 기다리면 장학생들 스스로 장벽을 무너뜨리기 시작한다. 장학생들은 어느 정도 궤도에 오르면 심지어 교과서에 나온 내용보다 더 훌륭한 뭔가를 배우기 시작한다. 나는 그런 장학생들을 지켜보면서 많은 것을 배운다.

우리는 분노와 좌절, 절망과 불안의 소용돌이 속에서도 교육만이 힘이라는 믿음을 버려서는 안 된다.

아는 게 힘이다!

첼시는 ‘미국을 위한 교육’ 자원봉사자로 마야 안젤루 아카데미와 인연을 맺고 지금은 교사로 일한다. 여러분은 다양한 주제를 공부하고 다양한 호기심을 채워나가야 한다. 그러면 더 넓은 시야와 내면의 힘을 얻을 수 있다. 하기로 마음먹은 것은 무엇이든 이룰 수 있다. www.SeeForever.org, www.TeachForAmerica.org

역지사지에 힘쓰자

올리비아 웜

몇 년 전이었다. 나는 샌프란시스코 노숙자 한 사람한테서 곤경에 빠진 사람들을 돕는 법에 관해 귀중한 가르침을 받았다. 나는 그때 배운 방법 그대로 지구 반대편 젊은이들을 돕고 있다.

캘리포니아 대학교 샌타바버라 캠퍼스에서 2학년을 마치고 집으로 돌아가기 전날 밤, 나는 그동안 사용하던 갖가지 생활용품을 세심하게 골라서 가방에 넣었다. 내가 어렸을 때부터 우리 집 근처에서 노숙하는 사람이 있는데, 그에게 선물하면 좋을 것 같았기 때문이다. 양말, 담요, 비상약, 화장품, 책, 비닐 백, 인스턴트커피, 생수, 손톱깎이 그리고 동전을 담은 유리병 등등 노숙자에게 필요할 것 같은 물건을 차곡차곡 넣었다.

마침내 가방을 둘러메고 노숙자를 찾아갔다. 그리고 말을 걸었다. 쓸만한 게 있는지 가방을 한번 살펴보라고. 그러자 노숙자가 고개를 가로저으며 "없어!" 하고 쏘아붙이더니 당장 꺼지라는 듯 노려보는 게 아닌가. 나는 예상치 못한 반응에 충격을 받은 채 성가시게 굴어서 미안하다고 사과해야 했다. 결국 가방을 들고 말없이 집으로 돌아왔다.

후회가 끊임없이 밀려들었다. '생활필수품으로 가득한 내 가방을 거절하는 이유가 뭐냐고 물어볼 걸 그랬나. 그래, 내가 자기를 동정한다 싶어서 기분이 상했을지 몰라. 아니면, 비누나 손톱깎이 따윈 흔해빠진 잡동사니라고 여겼을 수도.' 어쨌든 나는 거절당한 이유를 알아낼 만큼 용감한 사람이 못 되었다. 이때처럼 나 자신에게 실망한 적이 없었다.

그런데 우연히도 바로 그날, REI라는 대형 아웃도어 용품점에 대한 이야기를 들었다. 비바람과 추위를 막아주는 최첨단 텐트를 아프가니스탄 난민촌에 많이 기부했는데, 나중에 무척 당황했다고 한다. 자기들이 보낸 고급 텐트가 불길에 휩싸여 검은 연기로 사라진다는 사실을 알았기 때문이다. 선의로 다가간 노숙자한테 차갑게 외면당한 나처럼 말이다. 난민들은 텐트를 지급받자마자 불태웠다고 한다. 연료가 워낙 부족해서. 난민들은 화려한 텐트가 아니라 땔감을 간절히 원했던 것이다.

나는 두 가지 사례를 통해 많은 것을 깨달았다. 집 없는 그 사람의 안위가 진심으로 걱정스러워 나눔을 실천한 것이지만, 나는 그를 어떻게 도와야 최선인지 알지 못하는 사람이었다. 노숙을 경험한 적도 없고, 가난을 겪은 적도 없었다. 내가 중요하다고 여긴 물품들이 그 노숙자에겐 아무 짝에도 쓸모없는 쓰레기였을 것이다. 아프가니스탄 난민들에게 고급 텐트가 그랬던 것처럼.

나는 이와 같은 개인적 경험을 계기로 인도주의적 구호사업에 대해 새로운 시각을 얻게 되었다. 좋은 의도만으로는 중요한 문제를 제대로 해결하기 힘들다. 사태의 진상이나 숨은 원인을 또렷이 파악하지 못하면 도리어 일을 그르칠 수도 있다. 반대로 도움이 필요한 사람들 관점에서 상황을 충분히 이해하고 몸으로 직접 부딪치면서 일을 풀어가면, 예기치 않은 난관을 만나더라도 얼마든지 극복하고 원하는 목적을 이룰 수 있다.

그런 일이 있은 지 얼마 후, 나는 인류애를 좀먹는 안타까운 소식 한 가지를 접했다. 2010년 월드컵 열풍이 지구촌을 휩쓸고 지나간 뒤에 축구를 향한 빗나간 사랑 탓에 인신매매를 당하는 무고한 청소년들이 급증한다는 뉴스였다. 나는 전 세계 사람들이 축구를 얼마나 사랑하는지 잘 안다. 브라질 남동부의 작은 시골 마을에서 고등학교를 2년이나 다녔기 때문이다. 먼지가 폴폴 일어나는 흙길로 축구공을 드리블하는 아이들, 빼앗긴 공을 되찾으려고 비좁은 골목길을 헤치며 뛰어다니는 아이들, 텔레비전 앞에 모여 축구 경기를 보다가 골이 터지면 남녀노소 가리지 않고 환호성을 터뜨리는 주민들…. 축구를 유난히 사랑하는 사람들 틈에서 나 역시 그런 문화에 흠뻑 빠지게 되었다.

나는 조사를 진행하는 동안 점점 더 많은 돈이 유럽 축구 리그로 흘러든다는 사실, 그래서 청소년 축구선수들을 원하는 곳이 많고, 특히 브라질이나 서아프리카 출신 선수들에 대한 수요가 치솟고 있다는 사실을 알게 되었다. 그 결과 어린 선수들을 호시탐탐 노리는 무허가 에이전트와 불법 축구 아카데미, 암흑세계의 착취자 등도 덩달아 급증하고 있었다. 사실 유럽 축구 리그에서 프로 선수로 뛰겠다는 꿈을 실제로 이루는 청소년들은 극소수에 불과하다. 반면 대다수 청소년들은 길고도 끔찍한 시간을 보내야 한다. 죽음을 무릅쓰고 지중해를 건너거나, 계약을 파기당하거나, 종적을 감춘 에이전트를 찾아 발을 동동 구르거나, 가족과 떨어

'어린이에게 희망을' 페이스북 페이지
www.facebook.com/soccer.scholarship.peace

져서 끔찍한 생활 여건을 견뎌야 한다.

브라질이나 아프리카의 아이보리코스트처럼 축구 열기가 뜨거운 나라에서 프로 선수가 된다는 것은 청소년 당사자나 그 부모에게 거역하기 힘든 유혹이다. 자식이 프로 선수가 되는 순간 부자가 되기 때문에 부모는 축구를 교육이 아닌 성공의 수단으로 여긴다. 그런 이유로 어떤 가정에서는 자식을 축구 스타로 만드는 일에 노후 자금을 몽땅 쏟아 붓기도 한다. 하지만 실패할 경우, 어린 선수는 버림받고 그 가족은 빈털터리가 되고 만다. 그러면 스카우터는? 새로운 선수를 찾아 떠나면 그만이다.

이처럼 냉혹한 현실은 인신매매의 악순환으로 이어져서, 지금은 2만 명 가까운 아프리카 청소년 선수들이 유럽에서 오도 가도 못하는 신세가 되었다. 브라질에서는 상황이 너무 심각해서 프로축구단이 14세 미만 미성년자를 선발하지 못하도록 금지할 정도다.

문제의 뿌리는 가난과 초등학교 의무교육의 부재에 있다. 나는 이런 현실에 맞서서 전 세계 어린이들이 학교에 다니며 축구를 즐길 수 있는 대안을 모색했다. 그리고 그 결과물로 '어린이에게 희망을Inspire a Child'이라는 단체를 세웠다. 우리는 경제난과 전쟁으로 고통받는 나라에 축구장을 만들고 거기에 교실을 결합한다면 교육의 질과 출석률을 높이는 동시에 축구로 인한 인신매매를 막을 수 있다고 믿는다. 수업에 참석한 청소년만 축구장을 이용하게 만들면 운동과 학업 사이의 빈틈을 메움으로써 몸과 마음을 함께 키울 수 있을 것이다.

나 역시 전직 운동선수로서 스포츠가 평화에 이바지한다고 분명히 확신한다. 팀 구성원으로 협동하고 서로 존중하는 법을 배울 수 있기 때문이다. 사람들이 팀워크가 필요한 활동에 참여하면 사회적인 차이점을 극복하는 데 도움이 된다. 우리의 목표는 지구촌 여러 나라와 협력해서 아이들을 위한 월드컵 축구대회를 개최하는 것이다. 아이들이 세계여행도 하고 다른 나라 친구들과 시합도 할 수 있는 세계대회 말이다.

나는 그때 그 노숙자를 종종 떠올릴 때마다 고마움을 느낀다. 동 시대를 더불어 살아가는 사람들의 처지를 제대로 헤아리는 것이 얼마나 중요한지 가르쳐주었기 때문이다. 헤아림이란 세상을 더 좋은 곳으로 만들기 위한 첫걸음이다!

여러분이 돕는 사람들한테 배우자!

올리비아는 '어린이에게 희망을' 설립자다. 올리비아가 배운 가장 중요한 교훈은 우리가 누군가를 도우려면 상대방이 처한 상황을 정확히 파악하는 게 먼저라는 것이다. 지역 노숙자 쉼터를 찾아서 그곳 사람들과 대화를 나누고 무상급식소나 양로원에서 자원봉사자로 일해보자. 도움을 필요로 하는 사람들이 어떤 처지에 놓였는지 충분히 헤아린다면 훨씬 더 제대로 된 도움을 줄 수 있다. 올리비아의 활동에 대해 더 많이 알고 싶다면 홈페이지를 찾아가자. www.facebook.com/soccer.scholarship.peace

함께하면 우리 더 강하다!

애슐리 실러

내 인생은 열한 살 되던 해에 완전히 바뀌고 말았다. 부모님이 아프리카 탄자니아에서 휴가를 보내기로 했다고 말씀하셨을 때, 나는 영화 〈라이언 킹〉에 등장하는 사자와 코끼리, 기린을 실제로 본다는 생각에 너무도 기뻤다. 이때만 해도 내가 탄자니아에서 만난 사람들 덕분에 아주 딴 사람이 되어 콜로라도의 집으로 돌아오게 될 줄은 꿈에도 몰랐다.

탄자니아에 머무는 동안 나는 갓길에서 구걸하는 내 또래 아이들을 많이 만났다. 한 아이한테서 티셔츠를 한 장 샀는데, 그 아이는 자기가 일해서 식구들의 생계를 책임져야 하기 때문에 학교에 갈 수 없다고 말했던 걸로 기억한다. 또 학생들이 허름한 학교 교실에서 수업을 듣던 장면도 떠오른다.

하지만 내가 탄자니아에서 만난 사람들은 참 다정하면서도 강단이 있고 언제나 열심히 일하는 모습이 매우 인상적이었다. 착한 친구들을 많이 사귀었다. 친구들은 떠나는 나를 보며 아름다운 추억을 잊지 말자고 눈물 흘리기도 했다. 그 여행을 계기로 나는 그처럼 강인하고 유쾌한 사람들이 더 나은 생활을 할 수 있도록 도와줄 방법을 찾기로 결심했다.

콜로라도의 집으로 돌아온 뒤, 나는 몇 년 동안 탄자니아라는 나라에 대해 열심히 공부했다. 그 결과 탄자니아 소녀들 가운데 95%가 고등학교 졸업장을 못 받는다는 사실을 알게 되었다. 대부분 학비를 낼 형편이 안 되기 때문이다. 탄자니아 사람들의 평균 수입은 하루에 2달러 남짓이라서, 자녀들 가운데 아들만 학교에 보내는 게 보통이다.

열여섯 살이 되던 2001년, 나는 탄자니아 소녀들의 교육을 지원하기 위해 '아프리케이드AfricAid'라는 비영리 단체를 세우고 활동을 시작했다. 그런데 해야 할 일이 정말 태산 같았다. 식구들과 친구들 도움이 아니면 버틸 재간이 없을 정도였다. 나는 탄자니아를 향한 내 열정에 대해, 그곳 소녀들을 돕는 내 꿈에 대해 만나는 사람마다 붙잡고 설명했다. 얼마 안 가서 친구들과 동네 이웃들, 꼬마들이 무슨 일이든 기꺼이 돕겠다며 봉사단을 조직했다. 우리는 봉사자들을 중심으로 '아프리케이드' 이사회를 구성했다. 봉사자들은 첫 번째 모금 행사를 성공리에 진행했다. 탄자니아 소녀 10명을 장학생으로 뽑아서 학비를 후원한 것도, 우리 단체를 널리 홍보하겠다며 탄자니아의 저 유명한 킬리만자로 산에 오르는 나눔 행사를 추진한 것도 바로 봉사자들이었다.

그렇게 해서 우리는 지금까지 100만 달러가 넘는 기부금을 모아 4만 명이 넘는 탄자니아 학생들이 학업을 이어가도록 도울 수 있었다. 이 과정에서 수많은 사업과 프로그램을 펼쳤는데, 학비가 없어 공부를 포기할 수밖에 없는 소녀들에게 장학금을 지급하는 사업, 학생들로 미어터지는 학교에 교실을 새로 짓는 사업, 교육의 질을 높이기 위해 컴퓨터와 교과서를 지원하는 사업, 아이들이 학교에서 점심을 먹을 수 있도록 학부모들과 협력하는 프로그램, 직업 교육 프로그램, 교사 연수 프로그램, 탄자니아 소녀들에게 리더십과 기업가 정신을 가르치는 프로그램 등을 진행했다.

나는 탄자니아를 매년 방문하는데, 그때마다 우리가 지원하는 소녀들의 놀라운 성공담을 듣는다. 이 사업에 헌신하면서 가장 행복한 순간이 아닐 수 없다. 특히 테레지아라는 소녀의 이야기를 떠올릴 때마다 가슴이 벅차오른다. 내 생각에 탄자니아 같은 나라의 소녀들에게 교육이 중요한 까닭을 생생히 보여주는 데 테레지아 이야기처럼 훌륭한 사례는 없는 것 같다.

테레지아는 나랑 동갑으로, 탄자니아 북부의 외진 마을에서 태어났다. 그런데 테레지아가 태어난 다음 날, 한 남자가 집으로 찾아와서 테레지아가 초등학교를 마치는 대로 결혼하고 싶다고 했다. 테레지아 부모는 소 일곱 마리를 받는 조건으로 결혼 계약을 맺었다.

테레지아의 인생은 그 뒤로 몇 년 동안 평범하게 흘러갔고 초등학교에 입학했다. 무려 세 시간을 걸어서 학교를 다녀야 했다. 꼭두새벽에 일어나 어둠을 헤치고 학교에 가야 수업 시작 전에 자리에 앉아 예습을 할 수 있었다. 수업을 마치고 저녁 늦게 집으로 돌아오면 땔감을 줍거나 물을 길어 오는 등 온갖 집안일을 거들어야 했다.

이처럼 고된 노력 덕분에 테레지아는 학급에서 성적이 가장 우수한 학생이 되었다. 그런데 테레지아가 시험을 볼 때마다 좋은 점수를 받자 남학생들의 질투가 폭발했다. 여학생이 자기들보다 공부를 잘하는 게 못마땅했던 것이다. 욕을 하거나 꼬집고 심지어 돌을 던지는 남학생도 있었다. 하지만 테레지아는 포기하지 않았고, 마침내 졸업할 때는 고등학교에 진학하고도 남을 정도로 좋은 성적을 거두었다.

테레지아는 약속한 결혼을 미루는 어려운 결정을 내려야 했다. 마을에서는 전례가 없는 일이었다. 하여튼 테레지아는 고등학교에 진학했다. 고등학교에 들어간 소녀는 테레지아가 마을에서 처음이었다. 테레지아는 지금 마을 여성 가운데 최초로 교사가 되기 위해 사범대학에 다닌다. 한마디로 테레지아는 후배 소녀들 모두가 참된 본보기로 삼는 중요한 존재가 되었다!

테레지아는 내가 사업을 펼치는 데 마르지 않는 영감의 원천이다. 나는 테레지아와 몇 년 동안 편지를 주고받았다. 한 번은 테레지아가 사는 마을에 오랫동안 머문 덕분에 더욱 깊이 사귀게 되었다. 나는 테레지아 이야기를 떠올릴 때마다 내가 가장 좋아하는 스와힐리 말 '투포tupo'가 생각난다. 투포는 '함께하면 우리는 더 강하다'라는 뜻이다.

우리는 혼자일 때보다 함께할 때 훨씬 더 큰 힘을 낼 수 있다. 우리가 힘을 합하면, 이 세상을 훨씬 더 살기 좋은 곳으로 만들 수 있다. 우리가 힘을 합하면, 더 나은 미래를 열망하는 지구촌 소녀들에게, 나아가 미래 세대 전체에게 더 좋은 세상을 얼마든지 만들어줄 수 있다.

투포!

하물며 백지장도 맞들면 낫거늘!

애슐리는 '아프리케이드'를 세웠다. 학교도 좋고 동네도 좋고 지구 반대편도 좋다. 여러분도 애슐리처럼 다른 사람들과 힘을 합하자. 그러면 혼자서 일할 때보다 훨씬 더 많은 것을 이룰 수 있다.

www.AfricAid.com

세상은 소녀들의 손에 달렸다

소피아 & 나디아 테이린

우리는 승합차 안에서 창문 너머로 파키스탄 남부 도시 카라치 거리를 구석구석 살폈다. 비좁은 차도는 자동차들로 북새통이었다. 꽉 막힌 길을 겨우 빠져나온 우리는 카라치를 뒤로하고 신드 주州 외곽의 시골길을 달렸다. 여행용 가방은 공책과 선물로 가득했다. 우리는 그동안 상상으로만 그리던 어느 학교를 실제로 방문한다는 생각에 가슴이 부풀었다.

우리는 미국 필라델피아 주에 사는 자매인데, 이 세상을 좋은 쪽으로 바꾸겠다는 각오로 여러 활동을 펼치고 있다. 우리 자매는 여학교를 다니면서 여성주의와 양성평등을 마음속 깊이 새기고 세상을 바라보는 기준으로 삼았다. 그래서 성차별 뉴스를 접하면 울화통이 터져서 잔뜩 찡그린 얼굴로 서로를 바라보게 된다. 지구촌에는 유엔의 '세계 인권 선언'이 보장하는 가장 기본적인 권리, 즉 교육받을 권리를 박탈당하는 소녀들이 아직도 너무나 많다. 소녀들은 빈곤이라는 장벽, 위험할지 모른다는 괜한 걱정, 남아 선호 풍조 따위 때문에 교육받을 권리를 빼앗긴다.

현재 전 세계에서 학교를 못 다니는 어린이 1억 2,100만 명 가운데 3분의 2가 소녀들이다. 소녀들은 교육을 받지 못하면 빈곤의 악순환에 영원히 빠져서 폭력과 성적 착취 등 극단적인 방식으로 학대를 당하게 된다. 여러분은 이런 이야기를 들으면 깜짝 놀랄지 모른다. 하지만 장담하건대 모든 것이 사실이다. 우리는 용감한 소녀 두 명을 만난 덕분에 이런 사실을 알게 되었다. 두 소녀는 자신들을 억압하는 주위 환경에 맞서 싸운 끝에 교육받을 권리를 쟁취한 친구들이다.

우리가 '걸스 런 인터내셔널GLI'을 알게 된 것은 2007년이었다. GLI는 로스앤젤레스에 본부를 둔 단체로, 개발도상국 학생들이 학교에 갈 수 있도록 지원하는 국제 조직이다. 회원들은 주로 미국 학생들인데 GLI를 통해 개발도상국 학생들을 도와야 할 필요성과 그 실천 방법을 배운다. 우리 자매는 우리가 다니는 볼드윈 여고에 GLI 지부를 세웠다. 그리고 파키스탄 신드 주의 농촌 지역에 위치한 카노트 여학교와 자매결연을 맺었다. 파키스탄은 우리 부모님이 나고 자란 곳이기도 하다.

우리는 GLI 볼드윈 지부를 세우고 처음 몇 년 동안 기초를 탄탄하게 다지는 일에 집중했다. 회원 수를 늘리기 위해 토론 모임을 수시로 열었다. 실태 발표회를 비롯해 독특한 행사도 여러 차례 진행했다. 우리는 이 기간에 인권 문제에 대한 학생들의 관심과 참여를 유도하기 위해 볼드윈 여고와 카노트 여학교 학생들 사이에 펜팔을 주고받으며 상대방 문화를 이해하는 사업도 펼쳤다. 설립 첫 해에 우리 지부는 열성 회원이 30명이나 되는 조직으로 성장했다. 아울러 누구나 교육을 받을 수 있는 세상을 만들기 위한 우리의 행동이 교내에 커다란 반향을 일으키기 시작했다.

2008년이 되자 부모님이 우리 자매에게 깜짝 놀랄 만한 기회를 선사하셨다. 파키스탄에 가서 카노트 여학교를 방문하자는 것이었다. GLI 볼드윈 지부는 파키스탄 학생들한테 건넬 편지와 팔찌를 준비했다. 겨울방학을 맞아 같은 반 친구들한테 작별을 고하면서 우리 자매는 엄청난 책임감이 어깨를 짓누르는 느낌을 받았다. 볼드윈 여고와 GLI를 동시에 대표하는 것은 실로 대단한 영광이었다. 걱정거리가 없는 것은 아니었지만 파키스탄 친구들과 학교 친구들, 무엇보다 우리 두 자매의 앞날에 중요한 전환점이 될 거라는 기대가 더 컸다.

마침내 우리는 카라치에 도착했다. 현지에 사는 친척들이 마중을 나와 있었다. 우리는 카라치에 며칠간 머물고 나서 볼드윈 학생들의 선물을 들고 학교를 방문하러 떠났다.

고속도로를 달리다가 흙길로 접어들어 카노트 마을에 도착했다. 파키스탄의 사회경제적 발전을 위해 학교 건립을 담당하는 '인더스 자원 센터' 대표가 우리를 카노트 여학교로 안내했다. 학교에 들어서자 수많은 학생들이 열띤 목소리로 외쳤다. "앗살라무 알라이쿰!" 당신에게 평화가 깃들기를 바란다는 뜻이다. 학생들은 우리를 무척 신기한 눈으로 바라보면서 미국 생활이 어떠냐고 계속해서 물었다.

먼저 4학년 교실로 가서 GLI 볼드윈 지부가 보낸 선물을 전달했다. 지부 회원들과 볼드윈 여고, 펜실베이니아의 겨울 풍경이 담긴 사진첩이었다. 우리 문화를 알리고 싶은 마음에 준비한 선물이었다. 우정의 팔찌도 나눠주었다. 엄마가 파키스탄 말로 번역한 GLI 볼드윈 지부 소개문도 건넸다. 그다음으로 6학년 교실을 찾아갔다. 그 반 학생들은 대학 교육까지 받고 싶다는 희망을 우리한테 이야기했다.

우리는 세계 지도를 펼쳐서 볼드윈 여고와 카노트 여학교가 얼마나 멀리 떨어져 있는지 보여주었다. 볼드윈 여학생들과 카노트 여학생들은 지리적으로는 너무도 멀리 떨어져 살아간다. 하지만 우리는 모두 같은 학생이고 우리가 살아가는 세상에 대해 더 많은 것을 알려고 노력한다는 점에서, 희망찬 미래를 꿈꾸고 앞날을 자기 힘으로 일궈나간다는 점에서 다를 바가 없었다.

우리 자매는 파키스탄 여행을 통해 소녀들의 인권이 어떤 상황에 놓였는지 두 눈으로 똑똑히 살펴볼 수 있었다. 현실을 직접 확인한 덕분에 해야 할 일이 한층 분명해졌다. 우리는 집으로 돌아오자마자 뮤지컬, 패션쇼, 강연, 토론 등 다양한 행사를 마련해서 카노트 소녀들의 이야기를 나누었다. 카노트 여학교를 위해 3,000달러가 넘는 기부금을 모았다. 또 GLI 볼드윈 지부는 전교생이 동참한 가운데 조각보 만들기 대회를 열었는데, 그렇게 만든 조각보에 영어와 파키스탄어로 자유, 희망, 믿음 같은 글씨를 새겨서 카노트 여학교로 보냈다.

그로부터 3년 뒤, 우리는 카노트 여학교 측에 연락해서 그곳을 다시 방문하기로 합의했다. 이번에는 전보다 준비가 훨씬 잘 된 상태였기 때문에 볼드윈 여고 행정실에도 정식으로 협력을 요청했다. 우리는 카노트 여학교 학생들한테 선물하려고 공책을 구입했는데, 백 명이 넘는 학생들이 손수 편지를 써서 겉표지 안쪽에 끼워 넣었다. 우리는 카노트 친구들과 맺은 우정이 얼마나 소중한지, 아름다운 팔찌와 전통 인형 등 수공예품을 보내줘서 얼마나 고마운지 분명히 표현하고 싶었다. 우리는 공책을 비롯한 선물 꾸러미를 여행 가방에 차곡차곡 챙겨 넣고 필라델피아를 떠나 카라치에 이르는 머나먼 여정을 다시 시작했다.

우리는 아름다운 시골길을 달려서 카노트 마을에 도착했다. 학생들은 우리가 처음 그곳을 찾았을 때처럼 열렬히 환영해주었다. 우리는 볼드윈 학생들이 보낸 조각보로 벽면을 장식한 복도를 걸으며 기쁨과 자부심에 목이 메었다. 학교는 건물을 더 지어서 규모가 전보다 훨씬 컸고, 교실도 한층 아기자기한 모습이었다. 학생들은 배우고 싶은 열정으로 뜨거웠다.

여학생들은 자기들이 하루를 어떻게 보내는지 우리한테 들려주었다. 특히 학교를 다니는 덕분에 자기네 어머니 세대가 겪었던 조혼이라는 운명을 피할 수 있다고 했다. 베나지르라는 열다섯 살 소녀는 학교에서 배운 것을 여동생들한테 가르칠 때마다 배움이 아주 중요하다고 단단히 이른다며 웃었다. 베나지르 옆에 앉은 시드라는 모교인 카노트 여학교에 교사로 부임하기 위한 자기만의 계획을 자세히 밝혔다. 사이라는 열다섯 살이 되면 노인과 결혼할 예정이었지만, 카노트 교사들이 부모님을 만나 설득한 결과 결혼을 미루고 학업을 이어갈 수 있게 되었다고 말했다.

우리는 이야기를 들으면서 학생들이 엄청난 용기를 발휘하고 있다는 사실에 깜짝 놀랐다. 학생들의 당당한 목소리에서 교육을 받겠다는 굳은 의지가 또렷이 드러났다. 우리는 앞길을 가로막는 장벽을 부수고 미래를 개척하겠다는 학생들의 각오를 들으면서 우리가 헛된 일에 힘을 쏟은 게 아닌 것 같아 흐뭇했다. 파키스탄의 정치와 경제, 사회는 여전히 빈곤 문제로 휘청거리고 있다. 우리는 소녀들을 학교에 보내는 것이야말로 가난이 세상을 뒤덮는 걸 막을 수 있는 실질적인 해결책이라고 믿는다.

베나지르와 사이라 같은 학생들이 가정을 비롯한 공동체의 의사결정에 참여해서 여성의 인권을 옹호하고 소녀들이 낡은 차별의 덫에 빠지지 않도록 해야 한다. 그래서 변화에 불씨를 당겨야 한다. 파키스탄 교육운동가로 2014년 노벨평화상을 수상한 말랄라 유사프자이를 보라. 모든 소녀는 교육받을 권리가 있다는 소신을 지키다가 탈레반의 총격을 받고 죽음의 문턱을 넘나들었다. 부조리에 용감하게 항거하는 본보기가 아닐 수 없다. 이들은 모두가 파키스탄 사회에 변화의 바람을 일으켜서 낡아빠진 인습을 무너뜨릴 젊은 여성들이다. 소녀들이야말로 세상을 긍정적인 방향으로 전진시킬 수 있는 존재다.

우리 두 자매는 운 좋게 여성 교육을 당연시하는 나라에서 태어난 여러분 모두에게 지금은 행동에 나설 때라고 말하고 싶다! 소녀들은 학교에 가야 기회가 생긴다. 소녀들에게 기회가 생겨야 세상이 바뀐다. 여러분의 동참을 기다린다. 우리는 세상을 바꿀 수 있다.

더 큰 나를 찾자!

소피아와 나디아는 GLI 볼드윈 지부의 공동 설립자다. 여러분도 파키스탄 소녀들이 학교에 갈 수 있도록 지원하는 자매의 활동에 동참하자. 그러면 지구촌의 변화에 한몫하는 셈이 된다! 여러분도 GLI 지부의 설립자가 되어보자. www.GirlsLearn.org

나디아(왼쪽에서 두 번째)와 소피아(맨 오른쪽)

11장

시끌벅적 멋지게 살자

우리들의 말과 행동으로
말 못 하는 사람들에게
목소리와 용기를 선사할 수 있다.
한바탕 시끌벅적한 변화의 바람을
세상에 일으킬 수 있다.

왕따를 멈추자, 지금 당장!

에밀리 앤 리걸

나는 왕따였다. 그때만 해도 왕따를 당하는 건 이 세상에 나 하나뿐일 거라고 생각했다. 하지만 사실이 아니었다. 10대 청소년 3명 가운데 2명이 언어적, 육체적 폭력을 당한다고 한다. 그렇게 왕따를 당하는 수많은 청소년 모두가 나름의 사연을 지녔을 것이다. 오늘은 그 가운데서 내 이야기를 하고자 한다.

초등학생 시절, 우리 반 친구들은 뚱뚱하다는 이유로 나를 괴롭혔다. 나는 아침마다 오늘은 제발 선생님이 학생들끼리 알아서 짝을 지으라고 말하지 않기를 간절히 기도했다. 나랑 짝이 될 친구를 구한 적이 거의 없었기 때문이다. 짝이 없다고 해서 화가 나는 건 아니었다. 하루 종일 외로움을 견디는 것이 더 힘들었다. 결국 그 학교를 더 이상 다닐 수 없는 지경에 이르렀고, 끝내 전학을 해야 했다.

다행히 중학교, 고등학교를 거치면서 자신감이 조금씩 생겼다. 내가 나 자신을 있는 그대로 인정하고 받아들일수록 외톨이라는 느낌은 점점 사라지고 행복하다는 느낌은 점점 커졌다.

나는 왕따와 외로움을 스스로 극복한 경험을 바탕으로 열여섯 살 때 '미움을 멈춰요WeStopHate'라는 단체를 만들었다. '미움을 멈춰요'는 비영리 단체로 10대 청소년들이 자기 자신을 바라보는 관점을 긍정적으로 바꾸도록 돕는 것이 목표다. 우리는 참가자들을 묶어서 모임을 만든다. 그리고 서로를 격려하면서 각자 자기라는 존재를 받아들이고 따뜻하게 감싸며 사랑하게 만드는 프로그램을 제공한다.

나는 이제 누구든 자기 자신을 있는 그대로 받아들이는 것이 얼마나 큰 도움이 되는지 잘 안다. 그러나 기억은 쉽사리 지워지지 않는다. 특히 고통스러운 기억은 여간해선 뿌리가 안 뽑힌다. 많은 사람들이 자신을 포용하는 일에 자꾸만 실패하는 이유다. 사람들이 자신에 대한 미움을 사랑으로 바꾸도록 돕는 것이야말로 내가 평생토록 해나갈 일이라고 믿는다.

나는 '미움을 멈춰요'를 설립하면서, 내가 왕따를 어떻게 극복했는지 다른 사람들이 궁금할 거라는 생각이 들었다. 그래서 나 스스로 본보기가 되기로 결심하고 개인적인 경험을 담은 동영상을 제작했다. 내 마음속 가장 깊은 곳에 묻어둔 생각과 느낌을 고스란히 밝혔다. 그로 인해 놀림감이 되어도 좋다고 생각했다. 모든 것을 있는 그대로 정직하게 보여줘야 상대방도 진심을 보여줄 수 있기 때문이다. 그래서인지 모르겠지만 청소년들이 동영상을 보고 내 진심을 이해하는 것 같아 다행이다.

당연한 말이지만, '미움을 멈춰요'가 성장하려면 10대 청소년들의 참여가 반드시 필요했다. 우리는 청소년 자원봉사자들을 한 팀으로 묶기 시작했다. 이런 식으로 전국 방방곡곡에 팀이 생기고 활동을 펼치게 되면 '미움을 멈춰요'가 하고 싶은 말을 널리 전할 수 있을 것이다.

'미움을 멈춰요'는 단순히 왕따를 막기 위한 프로그램이 아니다. 미움을 멈추기 위해 적극적으로 나서는 행동이다. 이 말은 자신에 대한 미움을 멈추는 것, 남에 대한 미움을 버리는 것, 나에 대한 남의 미움을 막는 것을 뜻한다. '미움을 멈춰요'는 청소년들에게 가르친다. 미움을 멈춘다는 것은 일회성 행동이 아니라 매일 실천해야 하는 행동 내지 태도라고.

우리가 청소년들의 자존감 회복에 집중하는 까닭은 간단하다. 자기 자

'미움을 멈춰요' 홈페이지
www.WeStopHate.org

신을 존중하는 마음이 성장해야만 왕따 현상이 줄어들기 때문이다. 자신을 사랑하고 행복을 느끼는 사람이 다른 사람을 못살게 굴 이유는 없는 법이다. 왕따를 멈춘다는 것은 왕따 피해자가 평생 품고 살지 모를 고통스러운 상처를 치유한다는 뜻이자, 더불어 행복한 세상을 모두 함께 만든다는 뜻이다.

'미움을 멈춰요'가 특별한 이유는 왕따 문제를 10대 청소년의 눈높이에서 바라본다는 점에 있다. 우리는 또래 친구들이 어떤 식으로든 서로서로 압력을 가한다고 본다. 물론 이런 압력은 부정적인 결과를 낳는 게 보통이다. 하지만 청소년들이 스스로 다른 친구를 도울 수 있는 힘이 있다고 여긴다면, 또래의 압력은 얼마든지 좋은 쪽으로 쓰일 수 있다.

게다가 우리는 디지털 미디어의 힘을 좋은 쪽으로 활용하는 방법도 잘 알고 있다. 디지털 미디어를 활용해서 우리가 자신을 바라보는 방식과 남들이 우리를 대하는 방식을 적절히 바꾼다면 왕따 현상을 충분히 예방할 수 있다고 본다.

우리는 온갖 형태로 벌어지는 왕따 행위를 모두 해결할 수 있는 능력이 없다. 하지만 고작 몇 년 만에 10대 청소년 수천 명의 인생에 변화를 선사했다. 또 앞으로 더 강력한 사회운동을 펼치기 위해 열심히 준비하고 있다. 우리 목표는 왕따 없는 세상을 꿈꾸는 지구촌의 모든 청소년들이 미움을 멈추고 신나는 삶을 누리고자 스스로 행동에 나서고 싶을 때 언제든지 도움을 받을 수 있는 믿음직한 '비빌 언덕'이 되는 것이다.

나를 사랑하고 너를 사랑하는 아름다운 우리!

에밀리는 '미움을 멈춰요'라는 단체를 세웠다. 미움을 멈추는 것은 우리 모두의 몫이다! 여러분 모두는 세상과 더불어 나눌 수 있는 엄청난 재능을 타고났다. 그 재능이 어떤 것인지 알아보자. 그리고 여러분 자신만이 지닌 그 무언가를 사랑하는 법을 배우자. 아울러 다른 사람과 여러분을 구분 짓는 차이점까지 받아들이고 사랑하자. 또래 친구들끼리 주고받는 압력을 좋은 쪽으로 활용하자.
www.WeStopHate.org, www.EmilyAnneRigal.com

가치 있는 삶

프랭크 스티븐스

나는 다운증후군이 있는 청소년으로서 아주 멋진 인생을 살고 있다. 이 자리를 빌려 부정적인 마음을 버리고 긍정적인 마음을 지닐 때, 존경심으로 저열함을 뛰어넘고 다정함으로 분노를 넘어설 때, 여러분에게 얼마나 큰 힘이 생기는지 이야기하고자 한다. 꿈을 이루는 데 인터넷이 얼마나 도움이 되는지에 대해서도 이야기하고 싶다. 여러분이 꿈도 못 꾸었을 이야기다.

그러나 내 이야기를 하기에 앞서, 다운증후군이 있다는 게 어떤 의미인지, 그리고 내 인생이 아주 멋지다고 말하고 싶은 이유가 무엇인지 잠시 언급해야겠다. 나처럼 다운증후군이나 지적 장애가 있는 사람들에 대해 오해하는 경우가 매우 많다. 많은 사람들이 우리를 감정과 욕망과 소원이 없는 존재인 양 대한다. 하지만 사실이 아니다. 나는 여러분이 진실을 알면 좋겠다.

우리는 여러분과 아주 조금 다를 뿐이다. 어떻게 다르냐고? 다운증후군이 있는 사람은 다운증후군이 없는 사람보다 2% 정도 훌륭하다. 우리 몸을 이루는 모든 세포에 염색체가 하나씩 더 들었기 때문이다. 바로 그 염색체 하나가 여러분과 우리를 구분 짓는 차이점을 만든다. 어떤 경우에는 눈이나 코 부분이 여러분과 조금 다르게 생기기도 하고, 또 어떤 경우에는 팔이나 다리가 여러분보다 짧게 자라기도 한다. 대수롭지 않은 차이점들이다. 하지만 중요한 차이점도 있다. 우리는 특정한 암에 걸리는 법이 없다. 그래서 과학자들이 암 치료법을 개발하기 위해 우리 염색체를 연구 중이다. 아울러 우리 두뇌에는 어떤 물질이 들었는데, 알츠하이머로 고통받는 노인들한테서 같은 물질이 발견된다고 한다. 우리는 알츠하이머 치료법 개발에 도움이 될지도 모른다.

모르는 사람이 별로 없겠지만, 지적 장애가 있는 사람들이 보이는 가장 확연한 차이점은 여러분보다 정보를 처리하는 속도가 느리고 때로는 부정확하다는 것이다. 의학적으로 우리를 '정신 지체'가 있는 사람이라고 부르는 이유가 여기에 있다. 이는 우리의 정신활동이 다른 사람들에 비해 활발하지 못하다는 의미에 불과하다. 불행히도 이와 같은 과학적 설명으로부터 어떤 욕설을 만들어낸 매정한 사람들이 있다. 이들은 그렇게 만든 욕설을 처음에는 나 같은 사람을 가리켜 노골적으로 모욕하려고 사용하다가, 나중에는 다른 사람들을 나 같은 사람에 빗대어 모욕하고 싶을 때 사용하기도 한다.

그 모욕적인 욕설은 바로 '저능아retard'다.

나는 지금까지 살면서 대체로 행운아였다. 우선 사람들과 더불어 살아갈 수 있다고, 세상을 좋은 쪽으로 변화시킬 수 있다고 격려하는 가정에서 자랐다. 나보다 두 살 어린 남동생은 나를 괴롭히는 사람들을 절대로 가만두지 않았다. 하지만 남동생이 나를 24시간 지켜줄 수는 없는 노릇이었다. 아이들은 '저능아'가 내 이름인 양 불러댔고, 그때마다 내 마음에 생채기가 생겼다. 자기들 대화에 내가 끼어들 수 없을 거라고 여기고 아예 무시하는 아이들도 많았다. 역시 매번 마음을 다쳤다.

어떤가? 우리는 여러분과 똑같은 감정을 지닌 사람들 아닌가? 따라서 이름을 부르더라도 느리고 멍청하고 아는 게 없다는 느낌을 담으면 상처가 된다. 투명인간 취급을 당하는 것 또한 상처가 된다.

나는 내 말에 귀 기울이는 사람이 있다면 가던 길을 되돌아오는 한이 있더라도 반드시 대화를 나누자고 오래전부터 다짐했다. 동아리는 연극반을 선택했다. 실제로 이런 사람이 되면 좋겠다 싶은 배역을 연기할 수 있기 때문이다. 나는 내 발전에 도움이 된다고 생각하면 거리낌 없이 요구하는 사람으로 바뀌었다.

그 결과 나는 차츰 지적 장애가 있는 사람들을 대신해 발언하는 인물이 되었다. 나한테 사람들을 웃기는 재주와 함께 지적 장애인으로 산다는 게 어떤 일인지 풀어서 설명하는 재주가 있다는 사실을 알게 되었다. 나는 처지가 비슷한 사람들이 하고 싶은 말을 제대로 못 할 때 대신해서 목소리를 낼 수 있는 나 자신이 자랑스럽다.

나는 사람들 앞에서 말하는 재주 덕분에 스페셜 올림픽 글로벌 홍보대사로 임명되었고, 우리 조직을 대표해서 지구촌 곳곳에 인간 존중이라는 메시지를 전파하는 막중한 임무를 수백 번도 넘게 수행해왔다. 우리는 스페셜 올림픽을 통해 한 사람 한 사람이 지닌 숨은 능력에 주목한다.

지구촌에 감동의 물결을 일으킬 수 있는 사람들이기 때문이다. 우리가 알파벳 'r'로 시작하는 단어 가운데 가장 좋아하는 말이 '존중respect'인 까닭이 바로 여기에 있다. 우리는 그동안 '좋은 말respect 퍼뜨려 나쁜 말retard 끝장내자'라는 캠페인을 통해 사람들, 특히 청소년들을 향해 'r'로 시작하는 나쁜 말로 상대를 모욕하지 말자고 온 마음을 다해 설득해왔다. 여러분께 다시 한 번 부탁드린다. 제발 나쁜 말을 쓰지 말자.

2012년 미트 롬니와 버락 오바마 사이에 벌어진 대통령 후보 최종 토론회가 끝난 그날 밤, 유명한 정치평론가 한 명이 '롬니가 저능아를 친절하고 점잖게 대해서 기분이 좋다'고 트윗을 날렸다. 오바마 대통령을 헐

'좋은 말 퍼뜨려 나쁜 말 끝장내자' 캠페인 홈페이지
www.R-word.org

뜨는 말이었다. 다음 날 아침, 스페셜 올림픽의 대표자인 팀 슈라이버 회장이 나한테 그 정치평론가를 반박하는 공개서한을 써보면 어떻겠냐고 물었다. 나는 그러겠다고 대답했다. 하지만 어찌나 화가 치미던지 펜을 들고도 한참 동안 글을 시작할 수 없었다.

나는 포기할까 싶었다. 그처럼 학식이 뛰어난 사람이 금기어를 동원해 상대 후보를 모욕한 사실을 곱씹을수록, 그 말이 나 같은 사람들한테 얼마나 깊은 상처가 되는지 대중을 상대로 호소해봤자 별무소득일 것 같았다. 하지만 모든 사람들이 그 정치평론가처럼 생각하는 건 아니라는 생각도 들었다.

나는 편지를 시작하면서 긍정적인 태도를 끝까지 유지하자고 다짐했다. 그리고 정치평론가에게 더 좋은 사람이 될 수 있는 기회를 주자고 마음먹었다. 나는 하루 종일 글을 썼는데, 문장 구성과 철자법의 경우 남동생과 아빠의 도움을 받았다. 글은 저녁 6시가 되어서야 마무리할 수 있었다. 아빠는 너무 늦은 시각이어서 스페셜 올림픽 홈페이지에 글을 올려도 당장은 읽을 사람이 별로 없을 거라고 하셨다. 그런데 이게 웬일인가? 아빠가 틀렸다! 편지를 올린 시점으로부터 24시간 동안 조회 수가 무려 250만 건을 넘겼다. 한 달 뒤에는 조회 수가 400만 건에 육박했다. 나는 글을 올리고 2주 동안 전 세계 여러 신문과 라디오, TV와 인터뷰하면서 그야말로 정신없이 보냈다.

내가 쓴 공개서한은 열렬한 지지를 받았다. 우리는 다른 사람들을 정성으로 대하고 옳은 길로 가겠다고 결심할 때 자신이 얼마나 강한 존재가 될 수 있는지 잊고 산다. 내 편지를 통해 그 사실을 새삼 깨달았다는 사람들이 많았다.

내가 정치평론가에게 띄운 편지는 이런 내용이다.

친애하는 OO님께.

보세요, OO님. 당신은 바보도 아니고 멍청이도 아니지요. 그렇다면 '저능아'라는 금기어를 써서 상대방을 자꾸만 모욕하는 이유가 뭡니까? 나는 올해 30세로 다운증후군이 있는 남성입니다. 그리고 지적 장애인은 바보 멍청이라는 사회적 편견에 맞서 싸우는 사람입니다. 다른 사람들보다 정보를 처리하는 속도가 조금 느릴 뿐, 나 역시 바보도 아니고 멍청이도 아닙니다.

사실 나는 당신이 지난밤 금기어를 사용한 점에 대해 어떤 말을 해야 할까 하루 종일 고민했습니다. 처음에는 오바마 대통령을 당신 같은 사람들한테 왕따 당한 꼬마로 비유한 것인지 따져 묻고 싶었습니다. 물론 그런 꼬마는 왕따를 극복하고 멋진 인생을 살게 되지요. 저를 비롯한 우리 스페셜 올림픽 동지들이 그런 것처럼 말입니다.

아니면, 오바마 대통령을 자신이 말하는 모든 것에 대해 사려 깊다는 인상을 주기 위해 발버둥 쳐야 하는 사람으로 묘사하고 싶었던 겁니까? 혹평과 험담을 끊임없이 내뱉는 사람들이 그러는 것처럼 말입니다. 그것도 아니면, 오바마 대통령을 열악한 건강보험에 시달리면서 허름한 주택에 살고 쥐꼬리만 한 월급으로 입에 풀칠하는 것조차 다행으로 여기는 사람으로 폄하하고 싶었던 겁니까? 그런데, OO님. 우리 형편이 바로 그렇답니다. 아니, 더 심각합니다.

나는 당신 트윗을 모두 읽고 나서 당신은 그저 대통령을 나 같은 사람에 빗대는 식으로 깔아뭉개고 싶었을 뿐이라는 걸 깨달았습니다. 누구든 나 같은 사람이라는 소리를 들으면 모욕으로 받아들일 거라고 예상한 것, 맞지요? 또 이 정도 트윗쯤이야 시간이 지나면 대수롭지 않게 잊힐 것이며, TV 출연에 지장을 받는 일도 없을 거라고 짐작한 것도 맞지요? 내 생각엔 당신이 증오를 표현하기 위해 여러 가지 단어를 고려하다가 역풍이 걱정스러워 몇 걸음 물러선 것도 같습니다.

글쎄요. 내 생각에 당신은, 아니 우리 사회는 나 같은 사람이라는 말을 훈장처럼 여겨야 한다는 사실을 깨달아야 합니다. 우리만큼 역경을 극복한 사람도 없고, 우리만큼 삶을 사랑하는 사람도 없기 때문입니다. 당신이 언젠가 스페셜 올림픽에 우리와 함께 참가하기를 바랍니다. 대회를 마치고 돌아갈 때면 아마도 다른 사람이 되어 있는 자기 모습을 확인할 수 있을 테니까요.

머지않아 당신과 친구가 되고 싶은

스페셜 올림픽 글로벌 홍보대사

존 프랭클린 스티븐슨

남을 존중해야 나도 존중받는다!

프랭크는 스페셜 올림픽 글로벌 홍보대사이자 '좋은 말 퍼뜨려 나쁜 말 끝장내자(Spread the Word to End the Word)' 캠페인 참가자다. 우리는 프랭크의 이야기에서 배울 것이 아주 많다. 특히 다른 사람들에게 최선의 행동을 기대하는 것이 중요하다. 그래야 사람들이 그런 기대에 부응해서 최선으로 보답한다. 사람들이 최선의 행동을 할 수 있다고 가정한 덕분에, 프랭크는 금기어를 뿌리 뽑고 다운증후군이나 장애에 대한 편견을 바로잡는 자기 임무를 멋지게 완수할 수 있었다. 여러분도 프랭크가 가는 길에 동참하기 바란다.
www.R-word.org

다른 세상은 가능하다

조셉 테리언

나는 오래전부터 정치에 관심이 많았다. 또한 꼭두각시 인형극을 연구해서 무대에 올리느라 열다섯 살 때부터 몇 년을 바삐 지냈다. 하지만 정치적인 목소리와 예술적인 목소리를 합쳐서 실제 결과물을 내놓은 적은 한 번도 없었다. 그런 내가 '월가를 점령하라Occupy Wall Street' 시위가 절정으로 치닫던 어느 날, 뉴욕에 있는 주카티 공원을 찾았다가 예술적 행동주의라는 신세계에 풍덩 빠지고 말았다.

수많은 시위대가 형형색색으로 온갖 치장을 하고 주카티 공원을 가득 메운 가운데, 장기자랑도 하고 재주도 선보이는 작은 무대들이 곳곳에서 펼쳐졌다. 자기만의 예술적인 방식으로 사회경제적 정의를 추구하는 사람들이었다. 나는 매일 예술가들 틈에 끼어서 아이디어를 주고받으며 창작활동을 도왔다. 결국 나를 포함한 일군의 예술가들이 '민중의 꼭두각시, 월가를 점령하라The People's Puppets of Occupy Wall Street'라는 제목의 공연 작품을 완성했다. 우리는 자유의 여신상이나 브루클린 다리, 월스트리트

황소 등 뉴욕을 상징하는 거대한 인형들을 만들기 시작했다. 도시 전체가 떨쳐 일어나 시위에 참가한 것처럼 보여주기 위해서였다.

우리는 권력 구조에 대한 저항을 주제로 〈잭과 대기업이라는 콩나무〉 등 풍자극을 실험하기도 했다. 청중이 우리 작품을 관람하고 저항의 용기가 불끈 솟기를 바라면서. 다양한(대부분 긍정적인) 반응을 얻었는데, 관객들이 아예 외면하는 경우는 결코 없었다. 결국 우리 꼭두각시 인형들은 월가 시위를 상징하는 마스코트로 제 몫을 톡톡히 했다.

가장 인기 있는 작품은 월가 시위대 사이에서 유명한 노래를 바탕으로 만든 것이었다. 노래의 후렴구는 이랬다.

'민중의 꼭두각시, 월가를 점령하라' 페이스북 페이지
www.Facebook.com/OWSPuppetGuild

'누구도 우리를 막을 수 없다. 다른 세상은 가능하다.'

이 두 마디는 월가 시위를 대표하는 슬로건이 되었다. 우리 시위대는 세상을 살아가는 더 좋은 방법이 분명히 있으며 우리가 함께 노력하면 그 방법을 찾을 수 있다는 확신을 많은 사람들에게 심어주고 싶었다.

그러나 시위대를 바라보는 상당수 시민들의 시각은 회의적이었다. 또 다른 세상? 어떤 세상을 말하는 것인가? 이미 뿌리가 깊어 요지부동일 것 같은 세상을 우리가 무슨 수로 바꾼단 말인가? 사람들은 우리가 말하는 새로운 세상을 머릿속으로 그리는 게 너무도 어렵다고 불평했다. 이거다. 꼭두각시 인형극이 필요한 이유가 바로 여기에 있었다!

우리에겐 새로운 세상이 어떤 모습인지 사람들한테 시각적으로 설명하는 힘이 있었다. 우리는 곧바로 커다란 판자를 자르기 시작했다. 우리 고장에 있으면 좋겠다고 생각하는 건물들의 모형을 여러 개 만들어 무대를 에워싼 다음 마지막으로 '우리 동네'라고 이름을 붙였다. 이용자의 경제적 형편과 관계없이 건강보험을 적용받을 수 있는 '아무나 오세요 병원', 모든 학생이 무상 교육을 받을 수 있는 '청년에게 기회를 대학교', 우리가 맡긴 돈을 월스트리트라는 도박판에 판돈으로 밀어 넣는 대신 지역 사회를 위해 이바지하는 '마을 살리는 정직한 은행'이 있어서 살기 좋은 '우리 동네'.

우리는 가급적 많은 사람들이 우리 무대를 즐기면 좋겠다고 생각했다. 특히 극장을 자주 찾지 않는 사람들과 만나기를 바랐다. 그래서 지하철 승객을 위해 공짜로 공연하기로 결정했다. 공연은 대체로 이런 식이다. 우리 중에서 한 명이 시장님 역할을 맡아 열차 칸에 있는 모든 승객들에게 우리가 새로 건설한 '우리 동네'가 어떤 곳인지 소개하기 시작한다. 그러면 꼭두각시들이 중간에 튀어나와 '우리 동네' 주민으로 살아가는 게 얼마나 좋은지 떠들어댄다. 악기도 연주하고 노래도 부르면서 사람 사는 곳이 어때야 하는지 우리 생각을 전한다. 그러고는 청중에게 우리가 사는 곳을 새롭게 건설한다면 어떤 것이 있으면 좋겠는지 한 마디씩 해달라고 부탁한다.

우리는 처음 몇 차례 공연까지만 해도 상당히 긴장했다. 뉴욕 사람들은 성격이 까칠하기로 유명한 데다, 우리 공연을 어떻게 받아들일지 잘 몰랐기 때문이다. 게다가 공연이 모두 끝나더라도 전동차 내부에 꼼짝없이 갇혀서 멀뚱멀뚱 기다려야 한다. 다음 정차역에 지하철이 멈추고 출입문이 열릴 때까지! 너무 가르치려 드는 인상을 주면 어쩌나? 싸구려 느낌은 아닐까? 뉴욕 사람들 취향에 영 아니올시다면 어떡하지?

기우였다. 승객들, 아니 청중은 우리 공연에 열광했다. 공연이 끝날 때마다 우레와 같은 박수갈채가 쏟아지고, 때로는 열띤 토론으로 이어지기도 했다. 우리가 서로에 대한 경쟁을 멈추고 모두 함께 협동할 수 있다면 무엇을 이룰 수 있는지를 놓고서.

우리는 꼭두각시 인형극을 처음 선보인 뒤로 다양한 상황에 맞추어 내용을 계속 수정해왔다. 지하철은 물론 거리나 공원 등 사람들이 모이는 곳이라면 어디서든 공연을 펼쳤다. 세상이 늘 바뀌듯이, 대본도 끊임없이 바뀌었다. 우리는 다양한 모임과 손잡고 워크숍도 열었다. 참가자들이 먼저 우리 공연을 관람한 다음에 자기가 꿈꾸는 마을을 스스로 만들어 연극으로 표현하는 프로그램이었다. 우리는 공연을 펼치는 지역의 사회단체 활동가들과 팀을 만들어 협력하기도 했다. 공연을 마친 뒤에 이들 단체 대표자들을 소개하고 관심이 있는 관객들과 더 깊은 대화를 나누는 자리도 마련했다. 그렇게 사회단체와 인연을 맺은 사람이 회원으로 가입해서 적극적으로 활동하는 경우가 많았다.

나는 꼭두각시 인형극에 사람들을 깨우치고 변화시키며 영감을 주는 힘이 있다는 사실을 발견할 때마다 깜짝 놀란다. 인형극이라는 예술은 분명 사회를 변화시키는 힘을 지녔으며, 지금껏 그 힘을 살짝 맛본 것에 불과하다고 본다. 우리는 꼭두각시 놀이꾼으로서 사람들이 새로운 세상을 상상하도록 다양한 방식으로 도울 수 있다. 실로 많은 사람들이 저항의 깃발 아래 모여들고 있다. 관심이 있는 꼭두각시 놀이꾼이라면 무대를 길거리로(또는 학교로, 공원으로, 도서관으로) 넓혀서 새롭게 실험할 수 있는 절호의 기회다!

간단하다. 사람들과 만나라. 의견을 나누고 뜻을 모으라. 그리고 힘을 합하라. 그러면 당신은 혁명을 이룰 수 있을 것이다!

우리가 힘을 모으면 누구도 막을 수 없다. 다른 세상은 가능하다.

누구도 우리를 멈출 수 없다!

조셉은 '민중의 꼭두각시, 월가를 점령하라'의 공동 설립자다. 조셉은 어릴 적부터 꼭두각시 인형극에 관심이 많았다. 또 관객들에게 긍정적인 영향을 미치고 싶었다. 그래서 이런 생각들을 잘 섞어 '찾아가는 인형극'을 선보였다. 여러분도 평소 갈고 닦은 재능과 자기 주관을 결합시키기 위해 궁리해보자. 여러분이 장래 희망을 이루기 위해, 선행을 펼치기 위해 나아가는 그 길을 어느 누구도 막을 수 없을 것이다. www.Facebook.com/OWSPuppetGuild

동료들과 함께한 조셉(가운데)

우리 시대 청소년들에게 고함

케이트 딜디

나를 이상주의자라 불러도 좋다. 하지만 나는 사회 정의를 향해, 인권과 인간 존엄성과 지속 가능한 미래를 향해 모두가 한마음으로 나아가는 세상을 꿈꾼다.

나는 생일 소원으로 다투는 사람이 없는 세상, 더불어 행복한 세상을 만들어달라고 기도하던 조그만 소녀였다. 한마디로 세계 평화를 위해 기도하는 사람이었다. 하지만 나이를 조금 더 먹으면서 세계 평화라는 것이 마음만 먹는다고 이루어지는 건 아님을 깨달았다. 세계 평화는 모두가 힘을 합해야만 이룰 수 있기 때문이다. 즉 우리가 일상을 살아가는 현장에서부터, 평화를 진심으로 원하는 열정적인 사람들이 힘을 합해서, 세상을 바꾸기 위해 헌신적으로 나서야만 이룰 수 있다.

우리는 학생들이 상상력을 키울 수 있도록 영감을 불어넣기 위해 학생들이 만들고 학생들이 운영하는 작은 단체로 시작했다. 우리 목표는 주위 사람들을 가르치고 참여시키고 힘을 기르게 해서 세상을 더 좋은 곳으로 만드는 것이다. 나는 고등학교에 가서 '변화를 지지하는 청소년들 Young Advocates for Change'이라는 단체를 세웠다. 고등학생들이 민주주의에 참여할 수 있는 터전을 마련하고 싶었기 때문이다.

청소년들은 언제나 사회체제에 의문을 던진다. 권위에 도전하고 현실을 거부한다. 기성세대는 청소년의 이런 특성이 성공으로 가는 길에 걸림돌이 된다고 말한다. 하지만 내 생각은 반대다. 청소년의 도전적 태도는 세상을 다른 관점에서 새로이 바라볼 수 있는 가장 훌륭한 도구가 된다고 생각한다. 순수한 창의성이야말로 사람들의 손길이 미처 닿지 않은

'변화를 지지하는 청소년들' 홈페이지
youngadvocatesforpolicychange.weebly.com

천연자원의 보고 같은 것이다. 우리가 남을 돕는 일에 에너지를 쏟아 붓고 사회와 정치 분야의 여러 난제를 푸는 데 창의성을 발휘한다면, 새로운 세상은 이미 한 걸음 가까이 다가온 셈이다.

세계 평화를 현실에서 이룩할 수 있다고 생각하는 사람이 아무도 없을지 모른다. 그러나 나는 가능하다고 믿는다. 인간이 달에 갈 수 있다고 생각한 사람 역시 아무도 없었다. 하지만 우리는 해냈다. 쇠붙이로 만든 거대한 물체가 사람을 가득 싣고 하늘을 날아다닐 거라고 생각한 사람도 없었다. 하지만 오늘날 우리는 그 물체를 비행기라 부른다. 불가능한 것은 아무것도 없다. 따라서 위대한 이상을 내걸고 투쟁에 나서거나 국가가 어떻게 돌아가는지 한마디 하고 싶으면 성인이 될 때까지 기다리라는 말은 모욕이 분명하다.

세상에 도움이 되는 일이라면 어른이 될 때까지 기다려선 안 된다. 세상은 지금 도움을 필요로 한다. 세상은 지금 우리의 아이디어를 필요로 한다. 우리가 투표할 권리만 요구하는 것은 아니라는 사실을 잊지 말아야 한다.

나는 요즘 '돕는 법을 배우자'라는 프로그램에 참여하고 있다. 나 같은 고등학생들을 대상으로 하는 사회적 기업가 양성 과정이다. 참가자들은 '돕는 법을 배우자'에서 현실의 문제를 한 가지 골라 해결하는 과제를 수행해야 한다. (물론 식은 죽 먹기는 아니지만) 얼마나 쉬운가! 어느 날, '돕는 법을 배우자' 대표가 우리한테 아주 짤막한 질문을 하나 던졌다.

"여러분을 열 받게 만드는 건 대체 무엇입니까?"

정확히 내가 필요로 하던 질문이었다. 정신이 번쩍 드는 느낌이었다. 빈곤과 기아와 분열로 엉망진창인 세상 속에서 무기력에 빠진 터였다. 하지만 질문을 받자마자 힘이 불끈 솟는 듯했다. 모두가 뜻을 모으고 힘을 합하면 망가진 세상을 고칠 수 있다는 자신감이 생겼다. '변화를 지지하는 청소년들'을 세우겠다는 아이디어가 떠오른 건 바로 그때였다.

세상을 바라보는 관점이 같은 사람들과 만나서 어울리는 것은 정말 기분 좋은 일이다. 적합한 환경 속에서 적합한 사람들과 교류하면 문제를 바라보는 관점을 바로잡을 수 있다. 도저히 넘을 수 없을 것 같던 산맥이 어린 시절 뛰어놀던 동네 뒷산처럼 느껴질 수도 있다. 그 시절을 기억하는가? 얼마나 즐거웠던가! 나는 여러분에게 말하고 싶다. 만약 적합한 환경을 만날 수 없다면, 스스로 그런 환경을 창출하자. 자기만의 독창적인 인생 항로를 스스로 만들어가자.

지금은 행동에 나설 때다. 우리에겐 그럴 수 있는 여유가 있다. 회사 일과 각종 청구서와 아이들에 시달려야 하는 성인이 아니기 때문이다. 우리는 시간과 에너지와 자유를 누리면서 세상을 탐험할 나이다. 나는 다른 사람들도 기운이 넘치면 좋겠다. 다행히도 우리는 해답을 즉시 내놓을 수 있는 문제들도 많다는 사실을 잘 안다. 그런 문제를 해결하기 위해 우리 청소년들이 힘과 열정과 양심을 모으는 순간, 우리는 상상력의 보물창고를 활짝 열어젖히는 셈이다.

우리는 변화의 출발점이 되어야 한다. 아무리 작은 변화라도 시작하는 것만으로 커다란 의미가 있다. 아프리카 속담에 이런 말이 있다.

'자신이 세상을 바꾸기엔 너무도 미약하다고 느낀다면 (덩치는 작지만 말라리아를 옮기는) 모기 한 마리와 하룻밤을 보낸 적이 없다는 뜻이다.'

나는 여러분의 도전을 기대한다. 여러분도 세상을 바꿀 수 있다.

★ 여러분에게 감히 말하고 싶다. 투표도 중요하지만 현실 정치에 꾸준히 관심을 두는 것이 더 중요하다. 정치는 우리 삶을 실제로 좌지우지하기 때문이다. 정치인들이 번드르르한 얼굴로 우리가 듣고 싶은 말만 지껄이는 건 중요치 않다. 정말 중요한 것은 정치인이 사무실에 앉아서 실제로 하는 일이다. 정부가 높은 수준에서 사회 정의에 부합하는 정책을 펼치도록 항상 감시하자. 필요하면 설명을 요구해야 한다. 우리는 자유를 지키기 위해 경계를 늦춰서는 안 된다. 바로 이런 태도가 정부의 부패를 막을 수 있는 예방책이다. 정부가 부패했다고 불평하는 사람들이 얼마나 많은가? 우리가 깨어 있으면 부패가 발 디딜 틈은 없다.

★ 여러분에게 감히 말하고 싶다. 여러분도 스스로 단체를 만들면 좋겠다. 그리고 그 단체에 참가한 친구들이 어떤 사회 문제를 비판하고 운동을 조직해서 변화를 이끌어낼 수 있도록 도우면 더욱 좋겠다. 사회 정의를 추구하는 단체들이 많으면 많을수록 우리 동네, 우리 고장, 우리나라는 더욱 살기 좋은 곳이 될 것이다.

★ 여러분에게 감히 말하고 싶다. 사고의 지평을 넓혀야 한다. 지구적 차원에서 생각하고 지역적 차원에서 행동하자. 가장 중요한 것은, 다른 사람들과 연대하고 협동하는 것이다.

마지막으로, 감히 한 마디 덧붙이고 싶다. 내 말을 믿어주면 좋겠다. 여러분 한 사람 한 사람이 바로 세상이 원하는 변화 그 자체다!

세상은 여러분을 원한다, 바로 지금!

케이트는 '변화를 지지하는 청소년들'이라는 단체를 자기 학교에 세웠다. 케이트가 하고 싶은 말은 분명하다. 세상이 지금 당장 필요로 하는 것은 바로 여러분이라는 사실이다. 세상은 여러분의 재주와 호기심과 참여를 원한다. 여러분의 목소리와 기술도 필요로 한다. 여러분이 신념에 따라서 행동하기를, 더 나은 오늘과 내일을 향해 앞장서기를 기대한다. 하나뿐인 지구와 여기서 살아가는 모든 생명체를 위해. www.GDS.org, www.Learn-Serve.org

청소년에게 '나눔'의 날개를

서울 서촌에 자리 잡은 푸르메재단 사무실. 출입문이 빼끔히 열리고 앳된 친구들이 얼굴을 슬쩍 내민다. 멋쩍은 표정에 헐렁한 교복, 그리고 기어들어가는 목소리.

"저기요, 혹시 자원봉사 해도 돼요?"

근처 중학교 학생들이다. 무턱대고 찾아온 걸 보니 자원봉사 점수가 궁한 것이 틀림없다. 재단이 운영하는 장애인 치과와 한의원 간판을 보고 옳거니 싶었던 게다. 안타깝지만 이날도, 여느 날과 마찬가지로, 자원봉사를 시킬 일은 없다. 의사, 간호사, 사회복지사 등 전문 인력이 상주하는 곳이기 때문이다. 드물게 자원봉사자를 뽑아도 며칠 허드렛일하고 그만둘 아마추어는 사절이다.

"어휴, 청소라도 시켜주시면 안 될까요?"

하소연 모드로 버티기에 들어가는 뚝심의 소유자도 없지 않다. 하지만 낯선 사람한테는 청소조차 어려운 법. 또 아무 일거리나 멋대로 '베풀어' 점수를 함부로 '선사'하는 것은 자원봉사 취지와 어긋난다. 결국 자원봉사에 굶주린 소년소녀들은 힘내라는 격려 속에 다시 길을 나선다.

몇 년 전 옮긴이가 근무하던 시절의 풍경이다. 지금도 별반 다를 것 같지 않다. 그런 아이들이 못마땅하냐고? 절대 아니다. 오히려 낯선 곳이라도 무작정 찾아가서 부탁하는 정도면 대견하다고 칭찬받아 마땅하다고 생각한다. 학교에서 시킨 일이긴 해도 괜찮다. 이런 친구들은 교사나 학부모가 조금 도와주면 뜻 깊은 체험의 기회를 얻고 사고의 폭을 넓힐 수 있다. 그렇게 경험과 보람이 쌓이다 보면 자기 힘으로 남을 돕는 법도 깨우치게 된다.

어느 지방에서 올라온 여고생 4총사가 그런 경우다. 이 가운데 한 친구가 주역이었다. 재단이 대안적인 재활병원 건립을 추진한다는 신문 기사를 보고 홈페이지에 들어와서 자세히 살폈다. 충분히 공감하고 동참을 결심했다. 친구들끼리 모임을 만들었다. 그런 다음 재단에 전화를 걸어 어떤 도움이 필요하냐고 물었다. 며칠 뒤 학생들은 재단의 초대를 받고 현장을 둘러보면서 장애인 의료사업에 대한 이해도를 높였다. 이 친구들은 폐식용유로 비누를 만들어 판매금액을 기부하는 아이디어를 냈다.

자기네 4총사에 'G4'라는, 자못 아이돌 그룹 같은 이름도 붙였다. 여학생들이Girl, 친환경 방식으로Green, 나눔에 동참하면Give, 좋다Good는 뜻이란다. 한글로는 '쥐포'라고 깔깔대던 G4 친구들은 얼마 뒤 명동 한복판에 등장했다. 친환경 비누와 막대사탕, 안내책자 등을 늘어놓고 행인들을 향해 나눔에 동참하자고 열렬히 호소했다. 도움을 받는 쪽에서 보기에 얼마나 고맙고 기특한 친구들인지 모른다. 기부금이 많고 적은 것은 애초부터 고려 대상이 아니었다. 재단이 기부자와 함께 작은 변화를 이룬다는 행복함, 그것만으로 충분했다. 재단은 G4 이름으로 씨앗기금을 만들어 '공감의 발자취'를 영원히 새겼다.

사실 우리는 현대적인 의미로 기부 문화의 뿌리가 얕다. 예전보다는 낫다고 하지만, 팍팍한 살림과 치열한 경쟁 탓에 종교 헌금을 제외한 기부 규모는 답보 상태고 자원봉사도 여전히 익숙하지 않은 행동이다. 반면, 이 책에서 보듯이 미국은 기부가 뿌리 깊은 전통이다. 애플파이처럼 미국적 일상을 상징한다. 규모 역시 상상을 초월한다. 일례로 텍사스 스코티쉬라이트 어린이재활병원(www.tsrhc.org)을 보자. 소아정형 부문 미국 3위로 높은 의료 수준을 자랑한다. 그런데 이용자에게 돈을 한 푼도 안 받는 무료 병원이다. 등록 자원봉사자 3,400명에 매년 200억 원에 이르는 기부금 덕분이다. 기부금 가운데 70%는 이 책에 나오는 청소년들과 아주 비슷한 개인들 몫이다. 우리로서는 상상하기 힘들 정도다.

물론 기부와 봉사가 만능은 아니다. 유럽과 달리 사회보장이 부실한 나라에서 나눔만을 과도하게 강조하면 정부의 책임을 민간에 떠넘기는 꼴이 된다. 특히 요즘은 대기업들이 노동, 환경, 인권 등 '사회적 책임'을 외면하면서 막대한 금액의 '사회공헌'으로 면죄부를 챙기는 풍조마저 엿보인다. 하지만 이와 같은 우려로 인해 남을 돕겠다는 순수한 선의까지 빛이 바랠 이유는 없다. 이타적인 마음가짐, 더불어 살아가는 삶의 태도, 문제에 도전하는 긍정적인 자세의 가치는 어떤 상황에서도 훼손될 수 없다. 기부나 봉사 등 나눔이 지닌 본연의 가치는 자기 주도의 이타적 삶이다. 이는 실천하는 사람만이 깨우칠 수 있다. 나눔을 통해 주체적인 인생을 살아가는 청소년 문화가 참으로 아쉬운 사회 아닌가 싶다.

전인교육이란 말이 있었다. 이 말이 낯선 청소년 독자라면 부모님께 여쭈어보자. 온전한 사람으로 기른다는 뜻이다. 하지만 실상은 경쟁에서 승리하기 위한 타율적 주입식 교육이었다. 이런 현실을 포장하던 과거 우리 교육의 모순형용적 캐치프레이즈가 바로 전인교육이었다. 그러면 지금은 사정이 어떤가. 온전한 사람이 되는 교육일까? 인성을 제대로 기르는 교육일까? 자발적이고도 긍정적인 자기 인격의 형성 과정일까? 어쩌면 낙오하면 지옥이라는 현실이 더욱 또렷해진 것은 아닐까? 혹시 대기업 회사원에 적합한 인재로 키우는 것은 아닐까? 적어도 '을'만은 안 되기를 바라면서?

"요즘은 뭐라도 하고 싶은 게 있는 아이들이 효자고 효녀랍니다."

중고생을 자녀로 둔 학부모 사이에서 실제로 유행하는 말이다. 멍한 얼굴로 무기력하게 늘어진 자식을 보면 부모는 속이 터지다 못해 문드러진다. 그렇다면 청소년이 어떻게 자라야 옳을까? 청소년이 맞이할 미래는 또 어떤 모습일까? 짐작조차 어렵다. 한 세대 전에도 마찬가지였다. 예측이 아무리 정확하면 또 무슨 소용이랴, 바로 그 미래를 살아갈 사람이 무기력한 것을! 이런 고민으로 애태우는 청소년과 부모에게 이 책이 작은 힌트가 될 수 있을 것 같다. 여기에 나온 주인공들은 하나같이 의욕이 넘친다. 시련을 겪어도 긍정성을 잃는 법이 없다. 불가능은 없다고 외치면서 과감하게 밀어붙인다. 어른도 무시 못 할 전문성과 놀라운 지혜로 무장한다. 마침내 성공한다. 그리고 여러분을 향해 손을 내밀면서 이렇게 속삭인다.

"뭐가 걱정이야? 우리는 아직 어린데! 실패해도 잃을 게 없는데!"

실패. 좋은 사교육을 받고 좋은 대학에 가고 좋은 회사에 취직해도 한순간에 나락으로 떨어질 수 있는 시대다. 그래서 실패란 남녀노소를 불문하고 현재진행형일지 모른다. 하지만 적어도 이 책을 번역한 40대 중반 아저씨가 보기에 여기에 등장하는 청소년들은 어떤 상황이 닥쳐도, 돈을 성공의 유일한 잣대로 삼지 않는 한, 실패할 리가 없다. 물론 실패 대신에 좌절 정도는 맛볼 수 있겠다. 하지만 툭툭 털고 씨익 웃으며 금세 일어설 것이다. 진정한 의미의 성공을 위해 학업 성적이 중요한 사람도 분명히 있을 것이다. 그런데 좋은 성적을 거두기 위해서라도 자발성과 적극성, 긍정성은 매우 중요하다. 만화나 영화에 나오는 괴짜 천재가 아닌 바에는 말이다.

청소년 여러분 모두는 '보물'을 품고 태어났다. 그것이 어디에 있는지 도통 모르겠다고? 무엇을 어떻게 해야 하는지 막막하다고? 그럴 때일수록 답은 책이다. 이 책은 여러분에게 힌트, 비결, 용기, 지혜, 반짝이는 아이디어가 듬뿍 담긴 '보물 지도'를 선사할 것이다. 여러분은 그 보물을 찾아서 먼지를 털고 반짝반짝 빛을 내기만 하면 된다. 무엇보다 과감하게 저지르고 본다는 마음가짐이 필요하다. '내가 해도 될까' 하는 생각을 버리자. 너무 안 해서 걱정이다. 뭐든 하다 보면 길이 보이는 법이다. 이 책을 읽은 여러분, 요리로 치면 진귀한 재료가 한 상 가득 펼쳐진 셈이다. 실컷 구경하고 맛보면서 나만의 요리를 만들어보자!

2017년 여름,

정태영